『논어』 읽기

세창명저산책_008

『논어』 읽기

초판 1쇄 인쇄 2013년 2월 20일
초판 1쇄 발행 2013년 2월 25일

_

지은이 박삼수
펴낸이 이방원
기획위원 원당희
편집 안효희·조환열·김명희·강윤경
디자인 박선옥·손경화
마케팅 최성수

_

펴낸곳 세창미디어
출판신고 제312-2013-000002호
주소 120-050 서울시 서대문구 경기대로 88 냉천빌딩 4층
전화 02-723-8660
팩스 02-720-4579
이메일 sc1992@empal.com
홈페이지 http://www.sechangpub.co.kr/

_

ISBN 978-89-5586-165-5 04100
        978-89-5586-142-6 (세트)

이 도서의 국립중앙도서관 출판시도서목록CIP는 e-CIP 홈페이지 http://www.nl.go.kr/ecip에서
이용하실 수 있습니다. CIP 제어번호 : CIP2013000798

세창명저산책_008

『논어』 읽기

박삼수 지음

세창미디어

머리말

현대 사회는 치열한 생존경쟁 속에서 급기야 인간성의 상실과 인간정신의 피폐가 초래되었고, 그로 인해 야기된 갖가지 사회문제는 심각한 수준에 이르렀다. 또한 현실 사회의 어두운 그림자를 걷어낼 묘안을 찾기도 어려운 까닭에 우리의 고뇌와 방황은 그칠 날이 없다. 작금엔 바야흐로 치유治癒를 뜻하는 '힐링Healing'이 새로운 화두로 떠오르고 있다. 얼마 전까지만 해도 '웰빙Well-Being' 신드롬에 빠졌던 우리다. 때문에 오늘날의 '힐링'에는 뭔가 가슴 찡한 안쓰러움이 배어난다. 경쟁에 내몰리고 일상에 찌들어 참된 삶의 의미와 가치를 찾는 것은 이미 호사豪奢가 된 현대인의 처진 어깨와 긴 한숨이 스며 있다는 느낌을 지울 수가 없다.

감히 단언컨대 우리는 무엇보다 옛 성현의 가르침에서 인생

의 길을 찾아야 한다. 왜냐하면 그것은 후세에 불후의 '고전'으로 남아 인류의 올바른 삶의 길을 밝히는 촛불이자 등대로서 그 가치를 입증해 왔기 때문이다. 인간 정신의 집약이자 결정인 동서양 고전 가운데 가장 대표적인 것은 바로 공자의 『논어』다.

1988년 역대 노벨상수상자들이 프랑스 파리에서 모임을 갖고 인류 역사상 가장 위대한 인물은 바로 공자라는 데 인식을 같이 하면서 "인류가 21세기를 살아가기 위해서는 2,500년 전으로 되돌아가 공자에게서 지혜를 배워야 한다"고 선언하였다. 현대 문명을 선봉에서 이끈 그들이 고대 동양의 성인聖人 공자에게 주목한 것을 의아해 할 일만은 아니다. 공자는 그 옛날에 이미 휴머니즘을 바탕으로 한 유가儒家사상을 창시해 온 세상 만백성을 구제하고자 하였다. 그뿐만 아니라 후세 사람들에게 길이길이 올바른 삶의 길을 제시함으로써 인류 문화 발전에 크게 공헌하였다. 노벨상수상자들은 필시 그 선각先覺을 높이 산 것이리라.

이 세상에 '공자'와 '논어'를 모르는 이는 없을 것이다. 또한 누구나 『논어』 두어 구절쯤은 익히 읽거나 들어 알리라. 예나 지금이나 『논어』를 읽기 위한 사람들의 노력은 식을 줄을 모른다. 당연하고 또 다행한 일이다. 다만 여태 우리의 『논어』 읽기는 원전 한 구절 한 구절의 풀이에 집중해 왔다. 『논어』는 공자와

그 몇몇 제자들의 어록이다. 때문에 오늘날의 전문 저술처럼 엄밀한 구성과 정연한 체계를 갖추고 있지는 않다. 『논어』 원전의 사상과 내용을 보다 체계적으로 이해하는 데 도움이 되는 현대적 체재의 새로운 읽을거리가 요구되는 대목이다. 이는 『논어』가 문학 작품이 아니라 철학 저술이기에 더욱 그렇다. 문학 작품은 독자 나름의 독후讀後의 감感만으로도 지적 충만과 정서적 풍요를 기대할 수 있다. 하지만 철학 저술은 일반적인 독후감만으론 그 철리哲理를 이해하고 자양을 섭취하는 데 한계가 있다. 전문가가 아닌 이상 원전만으로는 논지의 총체를 체계적으로 파악하기 어렵다. 게다가 원전이 어록체인 경우에는 더더욱 난감하다. 이 책은 바로 이 같은 견지에서 기획 편찬된 『논어』의 해설서이자 참고서다.

　오늘날은 그야말로 실용과 경제의 시대다. 실용과 경제는 이미 많은 사람들의 절대적 가치 기준이 되었다. 그런 이 시대에 끝없이 강조되는 것은 아이러니컬하게도 인성人性이요, 인문이요, 휴먼이다. 유수의 기업들은 인재 채용에 스펙보다는 인성을 중시하고, 의식 있는 사람들은 너나없이 인문경영, 휴먼경영, 인간경영을 외친다. 까마득한 옛날에 공자가 이미 수도 없이 강조했던 것이다. 공자 사상의 진보성이 새삼 놀랍다.

이 작은 책이 누구나 『논어』에서 설파하고 있는 공자의 사상을 보다 체계적이고 심층적으로 이해하는 데 일조가 되기를 바란다.

2013년 1월 14일
문수산 기슭에서
박삼수

| CONTENTS |

제 1 장

『논어』는 어떤 책인가?

일찍이 맹자가 말하였다. "옛사람의 시를 읊고, 옛사람의 글을 읽는데 그들이 어떤 사람인지를 모르면 되겠는가? 그러므로 그들이 살았던 시대에 대해서도 알아봐야 한다(頌其詩, 讀其書, 不知其人, 可乎? 是以論其世也)"『맹자』「만장萬章 하편」]. 우리는 『논어』를 바르게 읽고 제대로 이해하기 위해서는 먼저 공자의 시대와 삶 그리고 『논어』의 탄생 배경에 대해 알아야 한다. 그런 바탕 위에『논어』에서 설파한 공자의 사상을 충분히 이해함으로써 인생의 이치와 삶의 지혜를 터득해 가야 한다. 먼저 『논어』가 어떤 책인가부터 알아보자.

『논어』의 편찬 과정과 책명册名 『논어』는 공자의 언행言行을 위주로 하면서 몇몇 제자들의 언행을 함께 기록한 어록체語錄體 저

술로, 공자의 사상과 지혜를 가장 집중적으로 보존하고 있는 경전이다. 한마디로 『논어』는 공자 사상의 보고寶庫다. 다만 『논어』는 공자의 친작親作이 아니라 공자의 제자와 재전再傳 제자, 즉 제자의 제자들이 공동 편찬한 것이다. 『한서漢書』「예문지藝文志」에서 이르기를 "『논어』는 공자가 제자나 당시 사람들에게 응답한 말과 제자들이 서로 주고받은 말, 또 제자들이 공자에게 들은 말을 기록한 것이다. 당시 제자들은 각기 그 기록을 가지고 있었는데 공자께서 돌아가신 뒤에 문인들이 함께 수집해 논찬論纂, 논의하여 편찬함하였으며, 그래서 『논어』라고 했다(論語者, 孔子應答弟子時人及弟子相與言而接聞於夫子之語也. 當時弟子各有所記. 夫子旣卒, 門人相與輯而論纂, 故謂之論語)"라고 하였다. 이처럼 『논어』는 공자 사후死後에 스승의 귀중한 가르침을 기록으로 남겨 보존하고 전수해나가야겠다는 생각에서 공문孔門의 문인들이 상당한 기간에 걸쳐 각자 가지고 있던 기록들을 함께 수집하고 대조 정리해 엮은 것이다. 편찬을 주도한 문인은 중궁仲弓・자유子游・자하子夏 등이거나 증자曾子와 유자有子의 제자일 것이라는 견해가 있으나 확실치는 않다. 대략 춘추시대 말엽부터 시작해 공자 사후 70여 년이 지난 기원전 400년 전후, 즉 전국시대 초엽에 이르러 증자의 문인들이 가장 나중에 완성한 것으로 추정된다.

『논어』의 책명이 뜻하는 바는『한서』에 따르면 '논'은 논찬한다는 뜻이요, '어'는 말씀, 즉 스승의 말씀을 이르는 것으로 풀이할 수 있다. 한편 청대淸代 단옥재段玉裁의『설문해자주說文解字注』에서는 "'논'은 무릇 말이 사물의 이치에 따르고 사물의 마땅함을 얻은 것을 이르고(論, 凡言語循其理, 得其宜謂之論)" "'어'는 다른 사람과 서로 문답하고 논박한 것을 이른다(語, 與人相答問辨難謂之語)"라고 풀이하였다. 요컨대『논어』는 공자와 제자 그리고 당시 사람들이 서로 묻고 답하며 토론하고 논박한 말들을 수록하였으며, 그 말들은 모두 사리事理와 물리物理에 맞는 지극한 진리요 훌륭한 언론이라는 취지를 담아 그같이 책에 이름을 붙인 것으로 이해된다.

『논어』의 판본과 주석본　전국시대 초엽 최종 완성본이 편찬된 이후『논어』는 진화秦火. 즉 분서갱유와 전란을 겪으면서도 한대漢代 초·중엽까지『노논어魯論語』,『제논어齊論語』,『고논어古論語』등 3종류의 판본이 전해졌다.『노논어』는 옛 노나라 지역의 학자들이 구술해 전한 것으로, 20편篇이었는데 현존 판본과 같았다.『제논어』는 옛 제나라 지역 학자들이 구술해 전한 것으로, 22편이었는데『노논어』보다「지도知道」·「문왕問王」2편이 더 있었다.『고논어』는 한漢 경제景帝 때 공자의 고택古宅 벽壁 속

에서 발견된 것으로, 21편이었는데 『제논어』 중의 「지도」·「문왕」 2편이 없는 대신 『노논어』 중의 「요왈편堯曰篇」이 2편으로 나뉘어 있었다.

이 3종의 판본을 비교하면 문자가 상이한 부분이 400여 곳에 달하였다. 전한前漢 말엽에 성제成帝의 왕사王師요 경학대가經學大家였던 안창후安昌侯 장우張禹가 『노논어』를 바탕으로 하면서 『제논어』를 참조해 새로운 판본 세칭世稱 『장후논張侯論』을 엮어냈는데, 이는 곧 『논어』의 제일차 개정본改定本이다. 장우는 당시 정치적 지위와 학문적 권위를 모두 갖춘 인물이었으므로 『장후논』은 급속히 유행한 반면 다른 판본은 점차 도태되기 시작하였다. 후한後漢 말엽에 이르러 정현鄭玄, 127~200년이 『장후논』을 저본底本으로 『제논어』와 『고논어』를 참고해 『논어주論語注』를 펴냈는데, 이는 『논어』의 제이차 개정본이다. 이후 다른 판본은 점차 자취를 감추고, 정현의 주석본이 오늘날까지 전하는 『논어』의 정본定本이 되었다. 그러나 정현 『논어주』의 완정본完整本은 당대唐代 이후에는 자취 없이 사라지고 현재는 일부만 전할 뿐이다. 이어 위대魏代에 하안何晏, 190~249년 등이 정현의 주석본을 기본으로 하여 공안국孔安國·포함包咸·주위周威·마융馬融·진군陳群·왕숙王肅·주생열周生烈 등 한漢·위대魏代 여러 명가名家의 고주古

注를 집대성해 『논어집해集解』를 펴냈는데, 이것이 완정하게 현존하는 최고最古의 『논어』 주석본이다.

이후以後 양대梁代 황간皇侃, 488~545년의 『논어집해의소義疏』약칭 「논어의소」, 북송 형병邢昺, 932~1010년의 『논어주소注疏』(『논어주소해경注疏解經』이나 『논어정의正義』라고도 함), 남송 주희朱熹, 1130~1200년 즉 주자朱子의 『논어집주集註』, 청대 유보남劉寶楠, 1791~1855년의 『논어정의正義』, 또 근대 양수달楊樹達, 1855~1956년의 『논어소증疏證』, 정수덕程樹德, 1877~1944년의 『논어집석集釋』, 양백준楊伯峻, 1909~1990년의 『논어역주譯注』 등이 속속 세상에 나왔는데, 이는 모두 후세의 『논어』 해석을 이끈 중요한 참고서들이다. 그 가운데 예로부터 우리나라의 논어 풀이에 가장 큰 영향을 끼친 것은 주자의 『집주』이며, 조선시대 다산茶山 정약용의 『논어고금주古今註』는 우리나라 역대 『논어』 주석서 가운데 가장 대표적인 것이다.

『논어』의 경학經學 지위　유가는 본시 선진先秦 제자백가 중의 일파로서 결코 우월적인 지위에 있지 않았으며, 오히려 진시황秦始皇이 자행한 분서갱유焚書坑儒로 인해 치명적인 타격을 입었을 뿐이다. 하지만 전한 무제武帝가 백가百家를 배척하고 오직 유가만을 존숭하면서 유가는 정통의 지위에 올랐고, 유학은 국가의 통치 이념으로 자리를 잡았다. 이 같은 분위기에서 『논어』

의 가치와 지위는 날로 높아졌고, 조정에서는 '박사博士'를 두어 『논어』를 전문적으로 연구하고 전수하게 하였다. 그리하여 '오경五經. 『주역周易』·『서경書經』·『시경詩經』·『예기禮記』·『춘추春秋』 등 5종의 유가 경전'과 함께 태학太學의 교재로 쓰이는 등 꾸준히 중시되어 오던 『논어』는 중국경학사상 송대宋代에 이르러 최종 확정된 '십삼경十三經. 13종의 유가 경전으로 『주역』·『서경』·『시경』·『주례周禮』·『의례儀禮』·『예기』·『춘추좌씨전春秋左氏傳』·『춘추공양전公羊傳』·『춘추곡량전穀梁傳』·『논어』·『효경孝經』·『이아爾雅』·『맹자孟子』를 이름'에 포함됨으로써 경학의 지위를 확고히 하게 되었다. 또한 남송南宋 때는 주자가 『논어』를 『대학大學』·『중용中庸』(이 두 편은 『예기』에서 분리해낸 것임) 그리고 『맹자』와 함께 묶어 '사서四書'라고 일컬으며 『사서장구집주四書章句集注』를 편찬해 존숭하였다. 이후 '사서'는 왕왕 '오경'과 함께 거론되는 등 유가의 핵심 경전으로 자리를 잡으면서 그 유행에 날개를 달았고, 특히 『논어』는 오늘날까지 동서양을 막론하고 지식인·교양인의 필독서로 널리 읽히고 있다.

제2장

공자와 『논어』의 시대적 배경

    『논어』를 읽고 공자의 사상을 알기 위해서는 우선 『논어』 탄생의 배경이 되는 공자의 시대와 생애에 대한 기본적인 이해가 있어야 한다. 공자가 산 시대는 춘추 말末이요, 『논어』가 최종적으로 편찬된 시대는 전국 초初인바 이는 모두 주周, 기원전 11세기~기원전 221년 나라의 특정 시기를 일컫는 말이다. 하夏·은殷나라에 뒤이어 건국된 주나라는 중국 역사상 하나의 국가로서 일정한 문물제도를 갖춘 최초의 왕조였다. 하지만 그 후반기는 전반기와 달리 정치 사회적 상황이 급변하면서 전통적 예악禮樂이 붕괴된 나머지 사회질서와 도덕규범이 혼란을 극하였다.

    주周나라 건국과 예악禮樂 제도   은(국호가 처음에는 '상商'이었음)나라 말 중국은 악명 높은 폭군 주왕紂王의 통치하에 민생은 도탄

에 빠져 허덕이고 국력은 날로 쇠미해 갔다. 당시 서쪽 편에 위치한 제후국 주周의 제후로 주왕에 의해 서백西伯. 서방西方 뭇 제후의 장長에 임명된 희창姬昌. 나중에 아들 주周 무왕武王에 의해 문왕文王으로 추존됨은 어진 정치를 폄으로써 민심도 얻고 나라도 강성해졌으며 천하 제후들 태반이 그에게 귀부歸附해왔다. 희창은 임종 시 아들 희발姬發에게 주왕을 멸하고 천하를 구제할 것을 유언하였다. 제위를 계승한 희발은 선친의 유지를 받들어 주왕을 토벌하고 은나라를 멸망시켰다. 새로운 대국大國 주나라의 천하가 시작된 것이다. 희발이 바로 주 왕조의 개국 군주인 주 무왕이다. 얼마 후 무왕은 병사하고, 아들 희송姬誦이 즉위하니 그가 주 성왕成王이다. 성왕은 아직 나이가 어렸으므로 숙부 주공周公. 무왕의 동생으로 이름은 희단姬旦이 섭정하며 임금을 보좌해 나라를 다스렸다.

주공은 건국 초 형제들과 은 주왕 아들의 반란을 평정해 정국을 안정시켰을 뿐만 아니라 예악 제도를 제정 확립함으로써 치국의 기반을 다졌다. 당시의 '예', 즉 예법은 세목細目이 아주 다양하고 많았는데, 제사祭祀·군사·외교에서부터 의식주에 이르기까지 하나하나 구체적인 규정이 있어 백성들은 그것을 준수해야 하였다. 또한 '악', 즉 음악도 매우 발달하여 각종 의식儀式에는 모두 그에 맞는 음악을 연주하게 하였다. '예'는 곧 행위

의 준칙으로, 오늘날의 법法이나 일반적 행위규범과 같은 것이었으며, '악'은 사람의 성정性情을 조화롭게 하고 풍속을 개량할 수 있는 것으로 인식되었다. 따라서 양자는 모두 백성을 교화하고 나라를 다스리는 데 아주 유용한 것으로, 주초周初의 통치 안정화에 기여하였다. 주공은 특히 성왕에게 '경천보민敬天保民, 하늘을 공경하고 백성을 보호해 편안케 함'할 것을 재삼 일깨웠는데, 그것은 곧 은나라 멸망이 준 교훈에 유의한 것이다. 하늘은 천하를 통치하라는 천명天命을 유덕자有德者에게 내리는데, 만약 그 통치자가 실덕失德하면 새로운 유덕자에게 천명을 옮겨간다. 때문에 통치자는 반드시 천명을 공경히 받들어 천제天帝와 선조의 가르침을 존숭하고 천하 만백성을 애호하며 덕망 높은 군주가 되어야 한다. 이 같은 천명에 대해 경외심을 가지라는 주공의 가르침이 있으면서 '경천보민'은 주나라 통치사상의 중심내용이 되었다. 주공이 시행한 이 일련의 정치 문화 정책은 주 왕조 초기 왕실이 제후국에 대해 절대적인 통치권을 행사하며 나라를 번영과 창성으로 이끈 근본 요인이었다.

하지만 목왕穆王 이후 주나라는 점차 쇠락의 길을 걸었으며, 특히 여왕厲王과 유왕幽王의 우매하고 잔학함은 나라의 원기元氣를 크게 손상시켰다. 주 여왕은 재물을 탐해 민재民財를 수탈하

면서 백성들이 국정을 논하지 못하도록 언론의 자유를 박탈하고, 어기는 자는 무참히 처형하였다. 기원전 841년 참다못한 도성都城 사람들은 마침내 폭동을 일으켜 여왕을 축출하였다. 이 사건 이후 주 왕실은 본연의 권위를 상실하였고 제후국에 대한 통제권까지 흔들리기 시작하였다. 주 유왕은 또 여색을 탐해 포사褒姒를 총애한 나머지 왕비 신후申后를 유폐하고 포사를 그 자리에 앉혔다. 그뿐만 아니라 잘 웃지 않는 포사를 웃기기 위해 누차 거짓 봉화를 올려 제후들을 출동케 하였다. 때문에 실제로 신후의 아버지 신후申侯가 견융犬戎을 끌어들여 쳐들어왔을 때는 봉화를 올렸지만 한 사람의 제후도 출동하지 않아 유왕은 결국 살해당하고 말았다.

예악 붕괴와 약육강식弱肉强食 유왕이 피살된 후 제후들이 모여 신후 소생의 태자를 즉위시키니 그가 곧 주 평왕平王이다. 평왕은 견융이 재차 쳐들어오자 도성 호경鎬京을 버리고 낙읍洛邑으로 천도해 피난하였다. 호경은 서쪽, 낙읍은 동쪽에 위치하였으므로 역사에서는 주나라가 호경에 도읍한 시기를 서주西周, 낙읍으로 천도한 이후를 동주東周라고 일컫는다. 동주는 다시 춘추(기원전 770년~기원전 476년)·전국(기원전 475년~기원전 221년) 두 시기로 나뉘는데, 후세에 난세亂世의 대명사로 일컬어질 만큼 극도

로 혼란한 시대였다.

평왕은 제후들에 의해 왕위에 오른 데다 부왕父王을 시해했다는 혐의까지 받는 처지에 놓였으므로 주 왕실은 천하 종주宗主로서의 권위와 위신은 땅에 떨어지고 왕명王命도 완전히 힘을 잃었다. 이에 지방 제후들은 세력을 확대하기 위해 겸병兼併을 일삼았고, 약육강식의 전쟁은 하루도 끊일 날이 없었다. 전쟁은 제후와 제후 사이뿐만 아니라 심지어 제후와 천자 사이에서도 일어났으며, 또 제후의 신하들 사이에서도 빈발하였다. 그 수많은 전쟁의 목적은 대개가 겸병과 약탈이었으며 그러므로 맹자도 "춘추시대에는 정의를 위한 전쟁은 없었다(春秋無義戰)"[『맹자』「진심 하편」]고 단언하였다. 겸병 전쟁이 이어지면서 소국은 멸망하고 대국은 더욱 강성해졌는데, 점차 제齊·진晉·진秦·초楚·정鄭 등의 나라가 특히 강대한 제후국으로 부상하였고, 마침내 춘추 오패五霸가 출현하였다. 오패도 명의상으로는 분명 천자에 예속된 지방 제후였으나 그들은 이미 천자로부터 완전히 독립해 있었으며 패주霸主로 군림하는 동안에는 거의 천자의 지위를 대신하기까지 하였다.

주대周代의 봉건제는 후세의 군현제郡縣制에 비해 한층 느슨한 정치 체제로 오늘날의 국가 제도와는 더욱 비교가 되지 않는다.

봉건제 유지의 관건은 무력이나 폭력과 같은 물리적인 힘이 아니라 혈친血親간의 정의情義나 예의禮義와 같은 정신적인 힘에 의지하는 것이었다. 그러므로 군신君臣 상하上下가 모두 혈연적 유대를 중시하고 예의를 숭상할 때는 천하가 태평하지만 상하가 모두 사욕에 눈이 어두워 서로 이익을 다툴 때는 걷잡을 수 없는 혼란에 빠지면서 봉건제는 그 본연의 실효성을 상실하게 되었다. 『맹자』「양혜왕梁惠王 상편」에서 이르기를 "임금은 '어떻게 하면 내 나라에 이롭게 할 수 있을까?'라고 하고, 대부는 '어떻게 하면 내 집안에 이롭게 할 수 있을까?'라고 하고, 선비와 일반 백성들은 '어떻게 하면 내 몸에 이롭게 할 수 있을까?'라고 하며 상하가 서로 이익을 다투면 곧 나라가 위태로워지나니 병거兵車 만승을 보유한 나라에서 그 임금을 시해하는 자는 필시 병거 천승을 보유한 가문이요, 병거 천승을 보유한 나라에서 그 임금을 시해하는 자는 필시 병거 백승을 보유한 가문이로다!(王曰: 何以利吾國? 大夫曰: 何以利吾家? 士庶人曰: 何以利吾身? 上下交征利, 而國危矣. 萬乘之國, 弑其君者, 必千乘之家; 千乘之國, 弑其君者, 必百乘之家)"라고 한 것은 바로 그 같은 혼란상을 지적한 것이다.

결국 춘추시대에는 일차적으로 천자가 실권을 잃으면서 오패가 일어나 참람僭濫하고, 그 다음에는 제후가 실권을 잃고 공실公

室. 제후의 왕실이 쇠미하면서 경대부卿大夫가 전권을 행사하고, 또 그 다음에는 경대부마저 실권을 잃으면서 대부의 가신家臣이 일어나 국정을 좌지우지하였다. 하여 신하가 임금을 시해하고, 가신이 대부를 시해하는 일이 다반사였다. 이같이 혼란한 정국의 와중에 고통 받는 것은 바로 일반 백성들로, 얼마나 많은 사람들이 전쟁터에서 죽어갔는지 알 수가 없다. 더욱이 각국은 잇단 전쟁을 치르며 군력 증강에 혈안이 되어 가렴주구에 도를 넘는 장정 징발을 자행하였으니 백성들은 조세와 요역徭役, 병역의 부담에 허리가 부러질 지경이었다. 때문에 공자는 "가혹한 정치는 호랑이보다 더 무섭다(苛政猛於虎也)"[『예기禮記』「단궁檀弓 하편」]라고 하기도 하였다. 겸병 전쟁과 그로 인한 폐해는 전국시대에도 그대로 이어졌음은 물론 오히려 날이 갈수록 더욱 심각한 양상을 보였다.

사인私人 **강학**講學**과 백가쟁명**百家爭鳴　주공이 나라의 기틀을 다지며 예법을 제정하는 한편 무엇보다 중요하게 생각한 것은 바로 교육이었다. 『예기』 「학기편學記篇」에서 "아름다운 옥도 다듬지 않으면 유용한 기물器物이 될 수 없고, 만물의 영장인 사람도 배우지 않으면 도리道理를 알지 못한다. 그러므로 고대의 제왕들은 나라를 세우고 백성을 다스림에 있어 교육을 우선시하였다(玉不琢, 不成器; 人不學, 不知道. 是故古之王者建國君民, 教學爲先)"라

고 한 것도 필시 주공을 염두에 둔 말일 것이다. 서주西周 시대에는 학교 체제가 상당히 완비되어 각급 학교가 널리 분포되어 있었는데, 당시 관학官學의 교육대상은 귀족 자제였고, 교육내용은 예禮가 중심이었다. 나라가 교육을 중시하면서 교화가 크게 행해지고, 군신君臣 상하가 모두 예에 밝게 되었다. 그러나 동주 춘추시대에는 주 왕실의 권위와 위신이 사라지고 제후와 대부들은 너나없이 정벌과 겸병에만 몰두하였으므로 교육은 관심 밖으로 밀려났다. 학교 제도는 폐지되고, 일반 백성들은 물론 수많은 고관 귀족들까지 예를 제대로 알지 못하는 지경에 이르렀다.

한편 춘추시대는 정치 사회적 혼란이 극에 달한 가운데 적지 않은 귀족들이 혹은 나라를 잃거나 혹은 정변에 휩쓸리거나 혹은 죄를 짓거나 하면서 평민으로 전락해 민간으로 흘러들었다. 그들은 그렇게 교양과 학문을 갖춘 재야在野인사가 된 것이다. 서주의 제도는 전담 관리를 두어 전적典籍, 즉 전장典章 제도를 기록한 문헌 서적을 관리하게 하였고, 교육과 학술 또한 전문가를 두어 담당케 하였다. 한데 춘추시대에는 학교가 폐지되고 귀족이 몰락하면서 수많은 전적이 민간으로 널리 퍼지게 되었고, 공자를 비롯한 많은 현인賢人 학사學士들은 각국의 진귀한 문헌들을 두루 접할 수 있는 기회를 갖게 되었다.

현자賢者들은 한편 생계의 방편으로, 다른 한편 현실의 변혁을 염원하며 민간에서 강학講學, 학문을 강술함하기 시작하였는데, 그 선봉에 선 이가 바로 공자였다. 공자는 역사상 최초로 사학을 열어 교육을 하였는데, 이른바 "오직 가르침이 있을 뿐 유별類別은 없다(有敎無類)"논15-39(이는 『논어』 제15편 제39장을 가리키며, 이후 같은 방식으로 『논어』의 출처를 밝힘)고 하여 빈부나 귀천, 현우賢愚를 불문하고 배우려는 자는 모두 받아 가르쳤다. 전하는 바에 의하면 공자가 일생 동안 가르친 제자가 3천 명에 달했는데, 소수의 귀족 자제를 제외하면 대부분이 평민의 자제였다고 한다. 교육과 학술을 국가와 관학이 독점하고, 귀족만이 그 혜택을 누리는 풍토를 종식하고 공자가 비로소 사인, 즉 한 개인으로서 강학을 시도함과 동시에 교육과 학술의 대중화를 연 것이다. 이 같은 변화는 마침내 선비士, 즉 지식인 계층의 형성과 확대를 가져왔다. 다만 그들은 지식도 있고 웅지雄志도 있었지만 사회적 지위가 높지 않았다.

당시 재야 지식인들은 공전空前의 난세를 살며 사회 현실에 강한 우려와 불만 그리고 깊은 관심을 함께 가지며 각기 세상과 백성을 구제하기 위한 나름의 방책을 내놓기 시작하였다. 현대 중국의 대표적 학자이자 사상가인 호적胡適, 1891~1962은 공자 시대

현실 사회에 대한 지식인들의 대응을 세 가지 유형으로 요약하였다. 첫째, 극단적 파괴파破壞派로, 일체의 문물제도를 폐지하고 극단적 방임과 무위無爲의 정책을 펼 것을 주장한 노자老子 같은 인물이 이에 해당한다. 둘째, 극단적 염세파厭世派로, 부패하기 그지없는 정치 현실을 목도하면서 낙담하고 절망한 나머지 이름을 감추고 은거해 기꺼이 최最하등의 삶을 살며 세상사에는 일체 간여하지 않은 장저長沮·걸닉桀溺과 같은 인물이 이에 해당한다. 셋째, 적극적 구세파救世派로, 공자가 바로 이에 해당한다. 앞의 두 파를 모두 반대한 공자는 서주의 예악제도를 회복해야 한다는 관점에서 인仁을 핵심으로 한 사상을 창시해 현실 사회의 갖가지 모순과 갈등이 해소되고 천하가 잘 다스려져 백성들이 편안히 살 수 있도록 하기 위해 갖은 애를 다 썼다. 공자와 노자가 학술 사상계의 중심이었던 춘추시대를 지나 전국시대로 접어들어서는 공자가 창시한 유가와 노자가 창시한 도가道家를 비롯해 묵가墨家, 법가法家 등 제자백가가 출현하여 상호 비판과 논쟁을 벌이면서 '백가쟁명'의 국면을 조성하였다. 이 백가쟁명의 시대는 곧 사상의 대폭발시대이자 황금시대로, 중국의 중요한 전통 사상은 모두 이 시기에 발생하였다.

제3장

공자의 생애 사적

공자孔子, 기원전 551~기원전 479는 지금으로부터 2,500여 년 전인 중국 춘추시대 말엽 노魯나라 추읍陬邑, 지금의 산동山東 곡부曲阜사람으로, 성姓은 공孔, 이름은 구丘, 자字는 중니仲尼이다. 유가학파를 창시한 위대한 사상가이자 교육가로 후세에는 인류역사상 동서고금에 가장 으뜸가는 사대성인四大聖人의 한 사람으로 존숭 받고 있다.

공자의 가계家系와 탄생　공자의 선조先祖는 상商/은殷나라 왕족의 후예로 성姓은 자씨子氏이며, 송宋나라, 즉 주周 왕조 건국 후은 주왕의 서형庶兄 미자微子를 봉한 제후국의 귀족이었다. 하지만 나중에 귀족 신분을 잃게 되는데, 그것은 송宋 양공襄公의 오대손五代孫이며 공자의 육대조六代祖인 공보가孔父嘉, '공보'는 자字, '가는

이름에게서 비롯된 일이다. 공보가는 대사마大司馬의 높은 벼슬을 하고 있었으나 정변의 와중에 송 상공殤公과 함께 피살되었다. 이에 그 아들 목금보木金父, '목'은 이름, '금보'는 자가 노나라로 망명해 추읍에 정착하면서 마침내 평민 신분으로 전락해 노나라 사람이 되었고, 또 선친의 자字로 성姓을 바꾸면서 공孔씨가 되었다.

공자의 아버지 숙량흘叔梁紇, '숙량'은 자. '흘'은 이름은 노나라의 이름난 무사武士로, 추읍의 대부大夫를 지냈다. 본부인이 딸 아홉을 낳았으나 아들이 없었고 첩실妾室은 아들 맹피孟皮, 자는 백니伯尼를 낳았으나 절름발이였다. 이에 숙량흘은 건강한 후사를 얻기 위해 일흔이 다 된 나이에 다시 스무 살도 안 된 소첩少妾 안징재安徵在를 맞아들였다. 신랑 신부의 나이 차이가 지나치게 많은 결혼은 당시로서는 예법에 어긋나는 일이었다. 『사기史記』「공자세가孔子世家」에서 숙량흘과 안징재의 결혼을 '야합野合'이라고 한 것은 바로 그 때문이다. 아무튼 두 부부는 이구산尼丘山에서 천지신명께 기도를 올렸고, 그렇게 하여 얻은 아들이 바로 공자다. 그래서 공자의 이름을 '구丘', 자字를 '중니仲尼'라고 하였다고 한다. 일설에는 이름을 '구(구릉, 언덕을 뜻함)'라고 한 것은 공자가 태어났을 때 정수리 부분이 움푹 들어갔기 때문이라고 한다.

유소년幼少年 **시기**　숙량흘은 공자 나이 세 살 때 그만 세상을

떠나고 말았다. 공자의 어머니 안씨는 예법에 맞지 않는 결혼으로 집안의 대우나 고을의 시선이 모두 큰 부담이었을 터인데 남편마저 잃었으니 그 처지가 더욱 난감해졌다. 안씨는 공자를 데리고 추읍을 떠나 노나라 도성의 궐리闕里로 이주해 살 길을 모색하였다. 세 살배기 공자와 청상과부 홀어머니의 타향살이가 빈천하고 곤고困苦하기 그지없었음은 두말할 나위가 없다. 한데 공자는 어려서부터 보통 아이들과는 다른 면이 있었는데, 『사기』「공자세가」에 따르면 "공자는 어린 시절 놀이를 할 때면 늘 갖가지 제기祭器들을 늘어놓고 어른들이 제사 지내는 모습을 흉내 내었다(孔子爲兒嬉戲, 常陳俎豆, 設禮容)"고 한다. 노나라는 본디 주공의 봉지封地로 주례周禮, 즉 서주의 예악제도가 아주 잘 보존 시행되어 온 곳인바 필시 천성적으로 그에 관심을 보인 공자가 자연스레 놀이로 즐긴 것이리라. 예악이 붕괴된 당시 상황에서도 '예악지국禮樂之國'으로 불리던 노나라의 문화 전통과 학문 풍토는 궁극적으로 공자의 사상과 학술의 형성에 적지 않은 영향을 미쳤을 것이다.

청장년靑壯年 시기 공자는 열일곱 살 때 어머니마저 세상을 떠나고, 의지할 곳 하나 없이 홀로 어렵게 생계를 꾸려나가며 온갖 궂은일도 마다하지 않았다. 훗날 공자가 스스로 "나는 어려서

빈천하였으므로 비천한 기예技藝에 두루 능하게 되었다(吾少也賤, 故多能鄙事)"논9-6고 한 것은 이를 잘 말해준다. 당시(어쩌면 어머니 별세 이전부터일지도 모른다) 공자는 남의 혼례나 장례를 돕는 일도 하고, 수레를 몰거나 나팔수나 고수鼓手를 하기도 하였다. 또 노나라 대부大夫 계씨가季氏家의 위리委吏, 창고 관리원나 승전乘田, 목장 관리원 같은 낮은 벼슬을 하기도 하였다.

하지만 공자는 어려서부터 가난하고 고생스런 삶 속에서도 누구보다도 호학好學, 배우기를 좋아함하였다. 열다섯 어린 나이에 이미 정식으로 학문에 뜻을 두고 가일층 분발 정진해 점차 박학다식하고 예악禮樂에 정통해 갔다. 공자의 젊은 날은 그야말로 주경야독晝耕夜讀의 일하며 공부하는 각고의 나날이었다. 예의와 관련된 잡역雜役을 하며 예악 지식을 쌓아 갔는데,『논어』「향당편鄕黨篇」에서 "공자께서는 태묘太廟에 들어가 일일이 물으셨다(入太廟, 每事問)"논10-21라고 하였듯이 그 배움의 자세는 한껏 겸허하면서도 적극적이었다. 그뿐만 아니라 책 읽기를 좋아해 계씨가에서 일할 때는 그곳의 수많은 장서藏書를 빌려 읽기도 하였으며, 나중에는 또 계씨가의 문서를 관리하고 기사記事를 담당하는 가신家臣 노릇을 하기도 하였다. 공자는 비록 신분상 관학官學에서 배우지는 못하였지만 노나라 도성에는 옛 문헌도 많고 해박

한 선비도 많았을 것이니 필시 "배우기를 마치 앞서 가는 사람을 쉽게 따라잡지 못할 것처럼 하고, 또 따라잡은 뒤에는 그 사람을 잃어버릴까 두려워하듯 하였을 것이다(學如不及, 猶恐失之)"논8-17. 한번은 위衛나라 대부 공손조公孫朝가 공자가 그 어려운 여건에서 어떻게 공부를 했는지를 묻자 자공子貢이 말하였다. "문왕文王과 무왕武王의 도道가 아직은 완전히 사라지지 않고 세상에 남아 있습니다. 현인들은 그 가운데 큰 부분을 기억하고, 보통 사람들은 그 가운데 작은 부분을 기억하고 있거니 문왕·무왕의 성도聖道를 간직하고 있지 않은 이가 없습니다. 그러니 선생님께서 어디에서든 배우지 않으셨으며 또한 어찌 고정된 스승이 있으셨겠습니까?(文武之道, 未墜於地, 在人. 賢者識其大者, 不賢者識其小者. 莫不有文武之道焉. 夫子焉不學? 而亦何常師之有)"논19-22 향학열에 불타는 공자가 현자들에게 얼마나 열심히 물으며 가르침을 청했을지 짐작이 간다.

공자는 열아홉 살 때 송나라 기관씨丌官氏와 결혼해 이듬해 아들 공리孔鯉를 낳았다. 한데 노 소공昭公이 그 소식을 듣고 잉어를 하사하며 축하하였다. 귀족도 아니요 벼슬아치도 아니며 이제 겨우 약관弱冠의 젊은이에 불과한 공자의 득남에 임금이 직접 관심을 보이며 축하의 뜻을 전한 것을 어떻게 이해해야 할까? 당

시 공자는 분명 이미 남달리 예악에 밝고 학문과 교양이 깊고 넓어 사회적으로 성망聲望이 드높았던 것으로 보인다. 하여 소공이 '예악지국'의 통치자로서 공자를 특별히 존중한 것이다. 공자는 성은에 감격하고 또 기념하기 위해 아들의 이름을 '리鯉. 잉어를 뜻함'라 하고, 자字를 백어伯魚라고 하였다.

자발적이고 즐거운 면학으로 상당한 학문적 성취가 있은 이후 공자는 대략 서른 살을 전후해서는 가르침을 구하는 제자들이 몰려들면서 강학수덕講學修德. 학문을 강술하고 덕행을 수양함과 제세안민濟世安民. 세상을 구제하고 백성을 안정시킴을 목표로 하는 사학私學 공동체를 형성하기 시작하였다. 안로顏路. 안회顏回의 아버지. 증점曾點. 증자曾子의 아버지, 자로子路, 백우伯牛, 염유冉有, 자공 등이 모두 공자의 초기 제자들이다. 이후 공자는 그야말로 종신토록 "스스로 배움에 싫증을 내지 않고 남을 가르침에 게으름을 피우지 않았다(學而不厭, 誨人不倦)"논7-2. 몇 년간 교육에 헌신하며 수많은 제자를 배출한 공자는 학자요 명사名士로서 명망과 위상이 더욱 높아졌고, 조야朝野를 막론하고 두루 폭넓은 존경을 받게 되었다. 노나라 대부 맹희자孟僖子는 아들에게 '성인聖人의 후예'인 공자를 스승으로 모시고 예를 배울 것을 유언하기도 하였는데, 그의 두 아들 맹의자孟懿子와 남궁경숙南宮敬叔은 공자가 서른네 살 때 문하

에 들어왔다.

　그에 앞서 공자 나이 서른 살 때 제齊나라 경공景公이 재상 안영安嬰과 함께 노나라를 방문하였다. 당시 경공은 특별히 공자를 만나 진秦 목공穆公이 중원의 패자가 된 까닭을 물었다. 이에 공자는 목공이 포부가 원대한 데다 처사가 공정하고 훌륭한 인재를 등용하였기 때문임을 역설해 경공으로 하여금 찬탄을 금치 못하게 하였다. 공자는 이때 이미 풍부한 역사지식에 뛰어난 사리 판단력과 정치적 식견을 겸비하고 있었던 것으로 보인다.

　그리고 공자가 서른다섯 살 때 노나라에는 오랫동안 전횡을 일삼던 삼환三桓, 맹손씨孟孫氏·숙손씨叔孫氏·계손씨季孫氏를 통칭하는 말이 내란을 일으켜 임금이 제나라로 망명하였고, 공자도 뒤따라 피난하였다. 당시 공자가 제 경공을 만나자 경공이 치국治國의 이치를 물었다. 이에 공자는 "임금은 임금답고 신하는 신하다우며, 부모는 부모답고 자식은 자식다워야 함(君君, 臣臣, 父父, 子子)"논12-11과 재물을 절약해야 함을 강조하였다. 경공은 크게 기뻐하며 공자를 중용코자 하였으나 재상 안영의 반대로 무산되었다. 한편 공자는 제나라 태사太師를 만나 음악에 관해 담론을 나누기도 하고, 또 순임금 때의 음악을 듣고 그 아름다움에 감탄해 마지않았다. 하지만 공자는 정치적으로 득의하지 못한 데다 제나

라 대부가 자신을 해치려 하자 제나라를 떠나 노나라로 돌아왔다. 그때 공자 나이 서른일곱이었다.

대략 마흔 살이 넘었을 때(일반적으로 공자가 서른네 살 때라고 하나 당시 남궁경숙은 열두세 살에 불과했음을 감안하면 무리가 있음) 공자는 남궁경숙의 주청奏請으로 그와 함께 임금의 윤허와 지원까지 받아 동주東周의 왕도王都 낙읍으로 문화 연수를 갔다. 공자는 먼저 노자를 찾아 예禮에 관해 묻고, 또 장홍萇弘을 찾아 악樂에 관해 물으면서 예악의 본질에 대한 이해를 더욱 심화하였다. 그리고 하夏·상商·주周 삼대三代의 수많은 문물과 역사 전적典籍을 열람하면서 식견과 안목을 넓혔다. 왕도 나들이 후 공자는 역사, 문화, 정치, 윤리도덕 등의 학식과 성망이 크게 높아져 문하생이 더욱 많아졌다.

공자 나이 마흔여덟 살이던 노 정공定公 6년(기원전 504년) 계씨季氏. 즉 계손씨의 가신家臣 양호陽虎의 권세가 하늘을 찔렀다. 오랜 세월 계씨를 비롯한 대부 삼가三家가 정권을 전횡하던 노나라는 이젠 대부의 가신이 대부를 누르고 함부로 권력을 휘두르는 지경에 이른 것이다. 공자는 이같이 정권이 임금이 아닌 대부에게 있거나 급기야 "대부의 가신이 나라의 정령을 장악하는 (陪臣執國命)"논16-2 어지러운 정국을 우려하며 출사할 뜻을 접고

물러나 학문 연구와 제자 교육에 전념하였다. 하지만 양호는 당시 높은 학식과 명망으로 많은 사람들의 존경을 받는 공자를 끌어들이고자 하였다. 여러 차례 방문 요청을 모두 거절당한 양호는 꾀를 내어 사람을 시켜 공자에게 삶은 돼지 한 마리를 선물하였다. 당시의 예법에 따르면 대부가 선물을 보내면 선비는 반드시 그 집에 찾아가서 사의를 표해야 하였다. 공자는 어쩔 수 없어 양호가 집에 없을 때 그 집에 가서 인사를 하고 돌아오는데, 원수는 외나무다리에서 만난다고 도중에 양호와 마주치고 말았다. 출사를 권하는 양호에게 공자는 "나라에 바른 도가 행해지지 않을 때는 행동은 지조 있게 하되 말은 겸손하게 해야 한다(邦無道, 危行言孫)"논14-4는 원칙에 입각해 적절히 응대해 넘겼다.

중년中年 — **출사**出仕 **참정**參政 **시기**　정공 9년 노나라는 양호를 축출하였다. 그 후 공자는 쉰한 살의 나이로 정공의 등용을 받아 중도재中都宰, 국도國都의 장관에 오르면서 비로소 정치에 참여하기 시작하였다. 공자는 첫 출사에서 크게 선정을 베풀어 다방면에 두드러진 치적을 냈고 "사방에서 모두 그 통치 방식을 본받고자 하였다(四方皆則之)"『사기』「공자세가」. 공자는 또 이듬해에는 소사공小司空, 건설부 차관을 거쳐 대사구大司寇, 사법부 장관로 승진하면서 대부의 반열에 올랐고, 다시 얼마 후에는 재상을 겸임하였다.

대략 3년간의 대사구 재임은 공자의 정치 생애 가운데 가장 긴 시간으로, 평소의 정치사상을 구현하는 데 주력하였다. 사건을 심리함에 있어 결코 서둘러 결론을 내기보다는 여러 사람의 의견을 충분히 들어 판단에 객관성을 더하였으며, 형벌의 남용을 반대하고 백성을 도덕으로 교화해 시비선악을 분명히 알게 함으로써 범죄를 근본적으로 예방하고자 하였다. 한번은 노 정공과 제齊 경공景公이 협곡夾谷에서 회맹會盟하였는데, 공자가 대사구 겸 상경上卿의 신분으로 임금을 수행하였다. 당시 제나라는 차제에 노나라를 자신들의 부용국附庸國으로 만들 속셈으로 사전에 준비를 철저히 하였다. 하지만 공자는 그 불량한 의도를 미리 간파하고 대비를 해 제나라의 음모를 저지함으로써 국격國格을 보전하였다. 그뿐만 아니라 외교적 수완을 발휘해, 제나라가 점거하고 있는 노나라 땅을 되돌려 받기도 하였다.

내정과 외교에 걸친 공자의 탁월한 정적政績은 마침내 노나라를 안정과 번영으로 이끌었다. 또한 협곡 회맹 후 노나라 조정에서의 정치적 입지와 위상이 한껏 높아진 공자는 한 걸음 더 나아가 당신의 정치적 포부와 이상을 실현하기 위한 구체적인 조치를 단행하였다. 정공 12년(기원전 498년) 그동안 세도정치로 나라의 기강을 어지럽힌 삼환의 권력을 약화시켜 왕권을 강화하

기 위해 '타삼도墮三都, 삼환이 마음대로 건설한 그들만의 도성을 해체한다는 뜻'의 방안을 내어 시행에 들어간 것이다. 하지만 안타깝게도 맹손씨의 강력한 저항에 부딪혀 끝내 성공하지 못하였다.

그렇지 않아도 공자의 집정으로, 왕권을 위협하며 전횡하던 세도가들의 이익이 날로 줄어들고 있던 차에 '타삼도'의 실패는 결국 공자와 삼환의 갈등을 증폭시켰고, 나아가 당시 조정의 권력자 계씨와의 불화도 표면화되게 하였다. 그즈음 점차 부강해져가는 노나라를 바라보며 두려움을 느끼던 제나라는 노나라 왕공王公의 부패를 조장할 속셈으로 문마文馬, 아름다운 무늬가 있는 말 120필과 미녀 80명을 선물하였다. 정공과 삼환은 과연 제나라의 계략대로 성색聲色과 승마에 빠져 황음무도하며 정사政事는 뒷전이었다. 그뿐만 아니라 서로 의기투합해 공자를 멀리하였다. 노나라 조정의 그 암담한 현실에 공자는 크게 실망하며 애초 벼슬길에 오르며 꿈꿨던 이상 정치의 실현이 요원해졌음을 직감하였다. 이에 공자는 또 다른 정치적 결단으로 조국이 아닌 다른 나라에서 평소의 꿈을 펼칠 새로운 길을 모색하기로 하였다.

만년晚年 ― 주유열국周遊列國 시기 노 정공 13년(기원전 497년) 쉰다섯 살의 공자는 안회, 자로, 자공, 염유를 비롯한 여러 명의 제자들을 대동하고 고국 노나라를 떠나 주유열국의 장도에 올랐

다. 그것은 여러 나라 군주들을 설득해 어떻게든 당신의 정치적 이상을 실현하고픈 열정으로 내딛은 새 희망의 거보巨步였다. 이후 공자는 14년간 전후하여 위衛, 조曹, 송宋, 진陳, 정鄭, 채蔡, 초楚 등 여러 나라를 두루 돌아다녔는데, 나라에 따라 상빈上賓으로 예우하거나 냉담하거나 무덤덤한 태도를 보이기도 하였다. 하지만 어느 한 나라도 공자를 중용해 그 정치적 주장을 수용해 시행하려고 하지는 않았다.

공자의 주유열국 14년간은 대략 세 시기로 나뉜다. 먼저 초기 약 5년간 공자는 주로 위衛나라에서 우거寓居하였다. 위나라는 공자의 첫 기착지였는데, 위 영공靈公은 표면적으로는 공자를 예우하였으나 참정의 기회를 주기는커녕 공자를 믿지 못하며 감시까지 하였다. 때문에 공자는 오래지 않아 진陳나라로 가기 위해 위나라를 떠났다. 한데 광성匡城에 이르렀을 때 공자를 양호陽虎로 오인한 사람들에게 포위 억류당하고 말았다. 양호는 일찍이 노나라 군대를 이끌고 광 땅을 지나며 살육을 자행한 적이 있어 그곳 사람들이 이를 갈고 있었던 것이다. 닷새 동안이나 험악한 포위망에 갇혀 있으며 제자들은 거의 죽음의 공포로 불안에 떨었다. 하지만 공자는 차분히 제자들을 안심시키며 말하였다. "주 문왕文王께서 돌아가신 후 그 문화 전통이 나에게 있지

않느냐? 하늘이 만약 이 문화 전통을 없애려 한다면 나 또한 그 것을 계승 발전시키는 데 참여할 수 없겠지만 하늘이 만약 이 문화 전통을 없애려 하지 않는다면 광 땅 사람들이 나를 어찌하겠느냐?(文王既沒, 文不在茲乎? 天之將喪斯文也, 後死者不得與於斯文也; 天之未喪斯文也, 匡人其如予何?)"논9-5 우여곡절 끝에 어렵게 포위망을 벗어난 공자 일행은 다시 위나라로 갔다. 이때 공자는 위 영공에 대한 기대를 접고 옛 친구 거백옥蘧伯玉의 집으로 가서 묵었다.

다음으로 중기 약 4년간 공자는 주로 진陳나라에 머물렀다. 노애공哀公 2년(기원전 493년) 위 영공이 죽고 왕위 다툼이 일자 공자는 위나라를 떠나 조曹나라를 거쳐 송宋나라로 갔다. 당시 송나라 사마司馬 환퇴桓魋가 여러 해 동안 자신의 석곽石槨을 축조하고 있었는데, 공자는 그 과도한 사치를 강하게 비판하였다. 이에 앙심을 품은 환퇴가 공자를 살해하려고 해 변복變服을 하고 어렵게 송나라를 빠져나와 다시 정鄭나라를 거쳐 진나라로 갔다. 그 과정에 제자들과 흩어져 혼자서 정나라 동문東門 밖에 이른 공자를 보고 어떤 사람이 그 초췌한 몰골이 마치 '상갓집 개(喪家之狗)' 같다고 할 정도였다.

공자는 진나라에서 민공湣公으로부터 유명무실한 것이지만 관직을 받은 것으로 보인다. 공자는 진나라에 머무르면서 채蔡나

라를 몇 차례 오가기도 하고, 또 한 차례는 채나라에서 초나라 섭葉 땅까지 갔다 오기도 하였다. 그러던 중 공자는 초나라 현자賢者 섭공葉公과 은자隱者 장저와 걸닉을 만나기도 하였다. 노 애공 6년(기원전 489년) 오吳나라가 진나라를 침공해 초나라가 원군을 보냈지만 진나라는 극심한 혼란에 빠졌다. 하여 공자는 부득이 진나라를 떠나 초나라로 향했는데, 마침 초나라에서도 공자를 초빙할 뜻을 가지고 있었다. 이에 진·채 두 나라 대부들은 대국大國인 초나라가 공자를 중용하면 자신들에게 큰 위협이 될 것을 직감하고 대책 마련에 나섰다. 공자 일행은 결국 진나라와 채나라 사이 들판에서 그들에게 포위되었고, 이레 동안 양식이 떨어져 몸을 가누기조차 힘들 지경에 이르렀다. 나중에 초나라의 도움으로 그 곤액困厄. 몹시 딱하고 어려운 사정과 재앙이 겹친 불운을 벗어난 공자는 초나라로 갔다. 공자는 초나라에서 소왕昭王의 환대와 예우를 받았지만 영윤令尹 자서子西의 반대로 관작官爵을 받지는 못하였다. 그즈음 공자는 초광楚狂 접여接輿를 만나기도 하였다. 초나라에서도 희망이 보이지 않자 공자는 다시 위나라로 가기로 하였다. 여러 나라를 다녀봤지만 그래도 위나라만 한 곳이 없었던 데다 이제 위나라 정국도 안정되어 가고 또 자로를 비롯한 여러 명의 제자들이 그곳에서 벼슬을 하고 있었기 때문이다.

마지막으로 후기 약 5년간 공자는 줄곧 위나라에서 지냈다. 노 애공 7년 공자가 위나라로 돌아왔을 때, 위 출공出公은 공자에게 국정을 보좌케 할 의향이 있었다. 자로가, 위나라가 공자에게 국정을 맡기면 무엇을 우선적으로 할 것인지를 묻자 공자는 "반드시 명분을 바로잡을 것(必也正名乎)"논13-3이라고 하였다. 출공은 본시 위 영공의 태자 괴외蒯聵의 아들이었는데, 괴외가 부왕父王의 총희 남자南子를 죽이려다 실패하고 진晉나라로 망명하는 바람에 영공이 죽은 후 왕위에 올랐다. 그리고 진나라의 힘을 빌려 왕위를 되찾으려는 아버지 괴외의 귀국을 막고 있었다. 공자는 필시 이처럼 '아버지는 아버지답지 못하고(父不父)' '아들은 아들답지 못한(子不子)' 상황을 겨냥한 것으로 보인다. 그래서인가 공자는 이때 비록 '양현養賢, 현재를 봉양함'의 예우를 받기는 했지만 끝내 위 출공에게 중용되지는 못하였다.

노년老年 — 교육과 연구 전념 시기 노 애공 11년(기원전 484년) 예순여덟 살의 공자는 노나라 집정자 계강자季康子의 요청에 응해 고국으로 돌아옴으로써 14년간의 방랑 생활을 마감하였다. 노나라는 공자를 국로國老, 퇴임한 공경대부에 대한 존칭으로, 곧 국가의 원로를 일컬음로 예우하며 국사를 자문하기도 하였으나 결코 공자의 견해를 적극적으로 채택하지는 않았다. 이 시기 공자는 정치에 대한

관심은 여전했으나 참정에 대한 열정은 이전 같지 않았다. 반면 이제껏 간단없던 제자 교육에 더욱 심혈을 기울였는데, 증삼曾參, 자하子夏, 자장子張, 공서적公西赤, 번지樊遲 등이 모두 공자 노년의 제자들이다. 아울러 고대 문헌의 연구와 정리에도 몰두하였는데, 대개 『시詩』, 『서書』, 『역易』, 『예禮』, 『악樂』, 『춘추春秋』육경六經은 모두 공자가 정리하거나 편찬함으로써 경전으로서의 그 고전적 의미와 가치가 한껏 제고된 것으로 평가된다.

공자는 노년에야 비로소 비교적 평온한 생활을 하게 되었으나 감내하기 힘든 일련의 운명 앞에 애원哀怨에 찬 탄식을 토하곤 하였다. 주유열국을 마감하고 노나라로 돌아온 바로 전해에는 부인 기관씨가, 이듬해에는 아들 공리가 세상을 떠났다. 또 일흔한 살 때는 수제자 안회가 요절했는데, 공자는 "하늘이 나를 죽이시는구나!(天喪予)"논11-9라고 거듭 탄식하며 애통해 하였다. 그 이듬해에는 다시 아끼던 제자 자로가 위나라 정변의 소용돌이 속에 그만 죽임을 당하였다. 늘그막에 부인과 아들 그리고 제자를 잇달아 앞세운 공자는 그 극한 비통에 몸을 가누기조차 힘들어 하였다. 어느 날 공자는 아침 일찍 일어나 문 앞을 거닐며 노래하기를 "태산泰山이 머지않아 무너지려나? 들보가 머지않아 부러지려나? 철인哲人이 머지않아 스러지려나?"라고 하였

다. 마침 스승을 뵈러온 자공子貢에게 "사賜. 자공의 이름야, 너는 어찌 이렇게 늦게 왔느냐?" 하며 타박을 한 공자는 필시 죽음이 다가오고 있음을 예감한 것이리라. 그리고 이레 후 공자는 천하에 성군聖君이 없는 데 대한 아쉬움과 이상 실현에 대한 미련을 간직한 채 노 애공 16년(기원전 479년) 4월 향년 73세를 일기로 세상을 떠났다.

수많은 제자들이 3년간 시묘侍墓하였으며, 특히 자공은 6년간 시묘하였다. 또한 일부 제자들과 노나라 사람들은 불세출의 성자聖者 공자를 추모해 아예 그 무덤 근처로 거처를 옮겨 집을 짓고 살며 훗날 '공리孔里'라고 불린 마을을 이루었다.

제 4 장

『논어』를 통해 본 공자의 사상

　『논어』는 모두 20편篇에 각 편은 또 적게는 1장章(이런 경우에는 다시 여러 절節로 나뉨)에서 많게는 40여 장으로 구성되어 있다. 한데 그 편장篇章 사이에 논리적 연관성이 있다 없다는 논란이 끊임없다. 이 같은 논란은 물론 『논어』가 어록체 저술인 데서 기인한다. 『논어』는 분명 후세의 전문 저술처럼 엄밀한 구성과 정연한 체계를 갖추고 있지 않다. 그게 어록체의 한계다. 하지만 편자編者들이 선사先師의 생전 언행 기록을 모아 책으로 엮으면서 그 편장의 배열과 체계를 전혀 고려치 아니하고 아무렇게나 늘어놓았을까? 『한서』 「예문지」에서 문인들이 함께 논의해 편찬했다고 하였듯이 그들은 필시 책의 구성과 체재에 대해 많은 논의와 고심 끝에 『논어』를 완성하였을 것이다. 『논어』는 전편

全篇에 걸쳐 그 나름의 맥락과 체계에 의해 사상적 연관성을 내재하고 있다고 할 수 있다. 『논어』는 또 공자 사상의 집체集體요 결정結晶으로 평가되고 있다. 사실 공자의 언행 사적事迹은 『논어』뿐만 아니라 『예기禮記』, 『좌전左傳』, 『순자荀子』, 『사기史記』 등에도 기록되어 전하고 있다. 하지만 뭐니 뭐니 해도 『논어』가 가장 집중적이고 믿을 만하다. 때문에 『논어』를 통해 공자 사상의 정화는 물론 그 전모를 파악하고 이해하는 데에 전혀 무리가 없다.

공자 사상의 출발 ─ 구세救世에의 고민 공자의 시대는 전통적 예악이 붕괴되고 도덕이 문란해짐으로써 정치 사회적 혼란과 불안이 가중된 그야말로 '천하무도天下無道'의 난세였다. 맹자가 이른 대로 당시는 "성세盛世가 끝나고 도의道義가 사라지면서 그릇된 학설과 잔학한 행위들이 잇따라 일어났으니 신하가 임금을 시해하는 이가 있는가 하면 자식이 부모를 시해하는 이가 있었다. 그러므로 공자께서 이를 심히 우려하셨다(世衰道微, 邪說暴行有作, 臣弑其君者有之, 子弑其父者有之, 孔子懼)"[『맹자』「등문공 하편」]. 결국 '어떻게 하면 정치 사회적 개혁을 이루어 세상 사람들을 불행과 고통에서 구할 수 있을까?' 하는 고민이 깊어졌고, 공자의 사상은 바로 이 같은 고민에서 비롯된 것이다.

1. 공자 사상의 핵심 그리고 삼대三大 요소

『논어』를 탐독하노라면 대개 전편을 관통하는 내재적 사상을 감지하게 되는데, 그것이 바로 공자 사상의 핵심적 원리다. 공자 스스로도 "내가 말하는 도道. 인생의 진리는 한 가지로 전체를 꿰뚫는다(吾道一以貫之)"논4-15라고 하였는데, 공자 사상의 핵심인 바로 그 '한 가지(一)'는 다름 아닌 '인仁'이다. 『논어』의 사상 체계는 '인'을 중심으로 전개 구성된 것이며, 공자의 모든 언론은 '인'에 대한 천명闡明과 부연敷衍이라고 할 수 있다. 또한 '인'은 다시 그 표현 형식으로서의 '예禮' 그리고 그 표현 방법으로서의 '중용中庸'과 밀접히 결합되어 있는데, 이 세 가지는 곧 공자 사상의 골간을 이루는 삼대 요소이다.

(1) 인仁

'인' 사상의 진보적 의의 이른바 '인'은 인간관계에서 갖춰야 하는 올바른 도리와 우량한 품격을 나타내는 하나의 도덕적 관념으로 춘추시대에 비로소 나타나 유행했는데, 그것은 기존의 천명론天命論. 하늘의 명령과 뜻. 즉 모종의 초자연적인 힘이 인간세상의 모든 것. 이를테면 자연의 변화나 사회의 변천. 사람의 운명을 주재하므로 사람은 반드시 그리고 어쩔 수 없이 그

에 순종 복종해야 한다는 사상 관념의 쇠퇴와 함께 천인天人 관계상 인간과 인사人事를 중시하는 새로운 사상의 발흥發興을 의미한다. 공자의 '인' 사상은 바로 이러한 진보적 사상 조류의 선봉에 섰으며, 그 특징은 인성의 존엄을 강조하고 개인의 자유와 가치를 중시하는 인본人本의 사상적 기초 위에 사람과 사람이 서로 더불어 살아가는 원칙과 방식을 탐구했다는 것이다.

사실 공자도 이따금 천명을 언급하곤 하였다. 다만 그것은 때로는 도저히 해결할 수 없는 절박한 문제에 직면한 상황에서의 무력감의 의탁이요, 때로는 비통悲痛이나 감개感慨와 같은 정서의 발로요, 때로는 '천명을 두려워함(畏天命)'논16-8이나 '천명을 앎(知天命)'논2-4을 사람이 도달한 경지로 여긴 것일 뿐이다. 결국 공자는 비록 천명 관념을 배척하지는 않았지만 그 주도적인 사상은 인사를 중시하고 천도天道, 즉 천리天理와 천의天意를 경시함이었다. 또한 공자는 "귀신을 공경하되 멀리 해야 한다(敬鬼神而遠之)"논6-20고 하였으며, 귀신을 섬기는 문제를 묻는 제자에게 너무도 분명하게 "우리가 아직 사람도 제대로 섬기지 못하거늘 어찌 귀신을 섬길 수 있단 말이냐?(未能事人, 焉能事鬼)"논11-12라고 하였다. '어리석은' 사람들이 귀신을 미신하며 강복을 비는 데에 주력하면서 사람의 본분과 도리를 다하는 데에는 소홀함을 경

계한 것이다. 이렇듯 공자는 결코 천명이나 귀신을 완전히 부정하지는 않았으나 애써 회피하거나 그 의미를 약화시키면서 당신의 철학적 사색을 인간관계의 문제에 집중시킴으로써 완정完整한 '인'의 사상 체계를 건립하였다.

인仁의 기본 함의含意 『논어』20편에서 '인' 자字는 모두 109차례 등장한다. 공자는 평소 자주 '인'에 대해 논하였으며 또 '인'을 학문 도덕의 최고 표준이자 이상 경지로 형상하였다. 때문에 공자는 어느 누구도 가벼이 그 '인'함을 허여許與, 마음으로 허락하여 칭찬함하지 않았다. 그뿐만 아니라 "만약 나를 성인이자 인자라고 한다면 내 어찌 감히 그 같은 명예를 감당하겠느냐?(若聖與仁, 則吾豈敢)"논7–34라고 하며 당신 스스로도 그 기준에 이르지 못했음을 강조하였다.

대개 '인' 자는 '인人'과 '이二'의 합성으로, 두 사람 내지 사람과 사람 사이의 관계를 조화롭게 함을 의미한다. 또 혹자는 '인' 자를 '인人'과 '인人'의 합성으로 보기도 하는데, 이는 옛날에 '인인人人' 두 자를 연속해서 쓸 때 흔히 '人二'으로 쓴 데에 착안한 것이다. 소위 '인인人人'은 사람이 사람답다거나 사람을 사람으로 여기다·대하다는 뜻이니, 전자는 자기 자신을, 후자는 다른 사람을 두고 이른 것이라고 할 수 있다. 여기서 혹자의 견해는 '인'이

윤리 도덕론이자 인간 관계론임을 방증하는 것으로 충분히 참고할 만하다.

그렇다면 공자가 주창한 '인'의 기본 함의는 무엇일까? 간명하면서도 개괄적인 언급이지만 공자의 다양한 설명에 의거하면 대략 다음과 같이 요약 정리할 수 있다.

첫째, '인'은 한마디로 '애인(愛人)', 즉 사람을 사랑하는 것이다. 이는 「안연편」(이후 편명만을 밝히는 경우 그 출처는 모두 『논어』임)에서 '인'이 무엇인지를 묻는 제자 번지樊遲에게 대답한 공자의 설명으로, '인'에 대한 가장 본질적 풀이요, 핵심적 정의다. 훗날 맹자도 '인자애인(仁者愛人)'[『맹자』「이루 하편」], 즉 인자는 다른 사람을 사랑한다고 하였다. 한데 공자가 말하는 '애인'은 구체적으로 어떤 사람을 사랑한다는 것인가? 「학이편」에서 공자는 "뭇사람을 두루 사랑하되 어진 사람을 특히 가까이 해야 한다(汎愛衆, 而親仁)"논1-6고 하였다. 공자의 인애仁愛사상이 비록 효친孝親. 부모를 효경孝敬함과 친친親親. 육친을 친애함을 기초로 하고 있지만(아래 관련 설명 참조) 궁극적으로 혈연과 가족의 범위를 넘어서 만인을 사랑하는 범애汎愛·박애博愛의 사상임을 알 수 있다. 한번은 "마구간에 불이 났는데, 공자께서 퇴조退朝. 벼슬아치가 조정의 조회에서 물러남해 이르기를 '사람이 다쳤느냐?' 하시고 말에 대해서는 묻지 않으셨

다(廐焚, 子退朝, 曰: "傷人乎?" 不問馬)"논10–17. 공자 시대에는 사고팔기도 했던 노예 신분의 마부는 어쩌면 좋은 말 한 필의 값어치에도 미치지 못하는 존재였을 것이다. 하지만 공자의 관심은 말이 아닌 사람이었다. 천명과 귀신 관념이 팽배했던 시대에 공자는 오히려 인간의 존엄과 가치를 발견하였고, 그 때문에 사람을, 그것도 모든 사람을 사랑해 "백성들에게 널리 은혜를 베풀고 또한 능히 민중을 환난에서 구제할(博施於民而能濟衆)"논6–28 것을 강조하였다. '사람을 사랑하는 것'은 곧 '인'의 본질이요, 핵심이다.

둘째, '인'의 근본은 '효제孝悌', 즉 부모에게 효도하고 형을 공경하는 것이다. '효'는 자식이 부모를 효경함이다. '제'는 흔히 아우가 형을 경애敬愛함을 이르나 기실其實 형이 아우를 우애함도 포함된다고 할 수 있다.

유자有子가 말하였다. "그 사람됨이 부모에게 효도하고 형을 공경하면서 윗사람에게 무례하게 굴기를 좋아하는 사람은 드무나니, 윗사람에게 무례하게 굴기를 좋아하지 않으면서 도리나 규범을 어지럽히기를 좋아하는 사람은 일찍이 없었다. 군자는 근본에 힘쓰나니 근본이 바로 서면 도道가 생겨나거니 부모에게 효도하고 형을 공경하는 것, 그것이 바로 '인'의 근본이로다!"

有子曰: "其爲人也孝弟, 而好犯上者, 鮮矣. 不好犯上, 而好作亂者, 未之有也. 君子務本, 本立而道生. 孝弟也者, 其爲仁之本與!"논1-2

이는 유자가 한 말이지만 스승 공자의 사상을 반영하고 있음은 두말할 나위가 없다. 공자가 말하는 '애인'은 결국 '효제'로부터 발전된 것으로, 최우선적으로 자신의 부모를 효경하고, 다음으로 자신의 형을 공경하며, 그리고 비로소 그로부터 미루어 뭇사람을 사랑함으로 확대해 나가는 것이다. '인'에는 하나의 중요한 출발점이 있으니 그것이 바로 '효'요, 그리고 '제'다. '효제' 가운데에는 물론 '효'가 보다 근원적이다. 공자의 견해에 따르면 효는 단순한 부양 행위가 아니며 무엇보다 두터운 정감, 특히 혈연관계에서 근원하는 천륜지정天倫之情의 발로이어야 한다.

자유子游가 효에 대해 여쭙자 공자께서 말씀하셨다. "오늘날의 효는 단지 부모를 능히 부양하는 것을 말하나 개나 말도 모두 사람이 능히 기르는 바가 있나니 만약 부모를 공경하지 않는다면 그것을 어떻게 구별하겠느냐?"

子游問孝. 子曰: "今之孝者, 是謂能養, 至於犬馬, 皆能有養, 不敬, 何以別乎?"논2-7

'효'의 요체는 부모에 대한 내재적인 친애의 감정을 바탕으로 하면서 한 걸음 더 나아가 진정으로 부모를 공경하는 마음과 태도라는 게 공자의 생각이다. 또한 부모에 대한 사랑과 공경의 정은 혈연관계에서 우러나는 골육지정骨肉之情과 자신을 길러준 부모의 은혜에 보답하려는 마음에서 비롯된다. 그리고 '제' 역시 '효'와 유사한 맥락으로 이해될 수 있다.

이 같은 부형父兄에 대한 '효제'를 근본으로 하는 '인'을 다른 많은 사람들에게 널리 베푸는 방법은 무엇일까? 공자는 평소 왕왕 가정과 국가 사회를 아울러 논하며 사람들에게 집안에서의 행동 규범을 사회생활에까지 확대 적용할 것을 요구하곤 하였다. 이를테면,

부모를 모시되 심력心力을 다 할 수 있고, 임금을 섬기되 신명身命을 바칠 수 있어야 한다.

事父母, 能竭其力; 事君, 能致其身. 논1-7

『서경書經』에 이르기를 "효도할진저! 오직 부모에게 효도하고 나아가 형제간에 우애함으로써 정치에까지 미친다"라고 하였으니, 이 또한 정치를 하는 것이다.

書云: "孝乎惟孝, 友于兄弟, 施於有政." 是亦爲政.논2-21

밖에 나가서는 공경公卿을 섬기고, 집에 들어와서는 아버지와 형을 섬긴다.

出則事公卿, 入則事父兄.논9-16

가깝게는 부모를 섬기고, 멀게는 임금을 섬긴다.

邇之事父, 遠之事君.논17-9

어른과 아이 사이의 예절도 폐기할 수 없는 것이거늘 임금과 신하 사이의 도의를 어찌 폐기할 수 있겠는가?

長幼之節, 不可廢也; 君臣之義, 如之何其廢之?논18-7

그뿐만 아니라 공자는 또 '인'을 행하는 구체적인 방법으로 이른바 추기급인推己及人, 즉 나 자신으로부터 미루어 남에게까지 미쳐갈 것을 강조하였다.

무릇 '인'이란 무엇이냐? 자신이 입신立身하고자 하면 남도 입신하

게 하고, 자신이 통달하고자 하면 남도 통달하게 하는 것이다. 능히 자신의 경우에 비추어 남의 입장을 고려하고 배려한다면 그것이 바로 '인'을 행하는 방법이라 할 수 있다.

夫仁者, 己欲立而立人, 己欲達而達人. 能近取譬, 可謂仁之方也已. 논6-28

자기가 하기 싫은 것은 다른 사람에게도 하지 않아야 한다.

己所不欲, 勿施於人. 논12-2

이는 사람은 누구나 다 같다는 관점에 입각하고 있다. 때문에 내가 하고자 하는 것은 남도 하고자 하는 것이니 성심껏 남을 도와주고, 내가 하기 싫은 것은 남도 하기 싫어하는 것이니 남에게 강요하지 않아야 한다. 그것이 바로 인애仁愛를 실천하는 것이다.

한마디로 공자는 나에게서 남에게로, 집 안에서 집 밖으로, 가까운 데서 먼 데로 단계별로 확충해 나간다는 인애의 원칙을 제시한 것이다. 가정윤리로서의 '효제'를 자연스럽게 사회윤리로 확대시켜 가야 한다. 부모와 형제에 대한 친애를 사회 만인에

대한 박애로, 부형에 대한 공경을 군왕이나 장자長者에 대한 충성으로 각각 발전시켜 가야 한다. 다시 말해 "자신을 수양해 가까운 사람들을 편안하게 하고(修己以安人)" 또한 나아가 "자신을 수양해 천하 만백성을 편안하게 하여야 한다(修己以安百姓)"논14-43. 이것이 공자의 원대한 이상이다.

셋째, '인'의 또 다른, 중요한 내용은 '충서忠恕'이다.

> 공자께서 말씀하셨다. "삼參, 증자의 이름아! 내가 말하는 진리는 한 가지로 전체를 꿰뚫는다." 증자가 말했다. "예, 그렇습니다." 공자께서 나가시자 다른 제자가 물었다. "무슨 말씀인가?" 증자가 말했다. "선생님께서 말씀하시는 진리는 '충忠'·'서恕'일 따름이라네."
>
> 子曰: "參乎! 吾道一以貫之." 曾子曰: "唯." 子出, 門人問曰: "何謂也?" 曾子曰: "夫子之道, 忠恕而已矣."논4-15

공자 사상의 핵심은 '인'이다. 그런데 여기서 증자는 공자의 사상 전체를 꿰뚫고 있는 그 '한 가지'를 '충서'라고 설명하였다. 주자朱子의 풀이에 따르면 '충'은 '진기盡己', 즉 자신의 마음을 다해 남을 대하는 것이요, '서'는 '추기推己', 즉 자신의 마음을 미루어 남에게까지 미치는 것이다. '충'이 '진기'라면 그것은 곧 공자가

말한 "자신이 입신하고자 하면 남도 입신하게 하고, 자신이 통달하고자 하면 남도 통달하게 하는 것"일 것이요, '서'가 '추기'라면 그것은 곧 공자가 말한 "자신이 하기 싫은 것은 다른 사람에게도 하지 않음"일 것이다. 다만 공자의 이 두 마디 말은 모두 '인'의 함의를 설명하며 언급된 것이다. 다시 말해서 '충'과 '서'는 바로 '인'의 구체적 내용이요, '인'을 행하는 실제적 방법이다. 지고至高한 '인'의 함의를 바로 설명하거나 이해하고 실행하기는 쉽지 않다. 하지만 '충'과 '서'를 통한다면 그 난이도는 한결 낮아진다. '충'·'서'는 기본적으로 사람에 대한 사랑을 바탕으로 한다.

후세에는 대개 '충'을 단지 군왕에 대한 신민臣民의 윤리 의무로만 여겼다. 하지만 공자 시대 '충'의 함의는 그렇지 아니하였다. 공자가 주창한 '충'의 본의는 대략 아래 말들에서 살펴볼 수 있다.

나는 하루에 세 번 나 자신을 돌이켜 보나니 '다른 사람을 위해 일을 도모하며 온 몸과 마음을 다하지 않은 바가 있는가?

吾日三省吾身, 爲人謀而不忠乎?논1-4

임금을 섬기되 신명身命을 바칠 수 있어야 한다.

事君, 能致其身.논1-7

관직에 임하는 자세에 게으름이 없고, 정사政事를 행함에 성심을
다해야 한다.

居之無倦, 行之以忠.논12-14

그를 사랑하면서 어찌 수고롭게 하지 않으며, 그에게 충성을 다하
면서 어찌 일깨우지 않을 수 있겠는가?

愛之, 能勿勞乎? 忠焉, 能勿誨乎?논14-8

　공자가 말한 '충'은 분명 '진기'로, 기본적으로 자기 자신에 대
한 요구다. 다른 사람을 위해 일을 도모하며 전심전력하고, 임
금을 섬기며 신명을 다하고, 정사를 돌보며 성심을 다하고, 누군
가에게 충성하며 그의 과오를 진심으로 간諫한다. '충'의 이러한
표현들은 모두 '애인'의 요구에 부합하는 것이다. 또한 '충'은 성
심을 다해 남을 위하는 것이니, '인자애인仁者愛人'의 적극적인 의
의를 구현함이다.
　'서'는 '추기'니, 바꿔 말하면 역지사지易地思之해 다른 사람을 이

해하고 관용하는 정신이다. 이는 '인자애인'의 소극적인 의의를 구현하는 것으로, 대인對人 · 처세에 대단히 유익한 태도요, 방법이다. 이를테면 "이미 지난 일이라 다시 추궁하지 않고(旣往不咎)"논3-21 "자신의 과오는 엄하게 질책하는 반면 다른 사람의 과오는 가볍게 추궁함(躬自厚而薄責於人)"논15-15이니 다른 사람과 화합할 수 있는 지혜임에 틀림이 없다. 요컨대 '충' · '서'야말로 '인'의 본질과 정신을 가장 잘 구현할 수 있는 덕목이라 할 것이다.

이렇듯 공자 사상체계의 핵심인 '인'은 기본적으로 '애인', '효제', '충서'의 정신을 함축하고 있다. 공자는 바로 이 같은 '인'을 한껏 중시重視 창도唱導하며, '인'을 통해 시대의 난제難題인 구세救世를 이룩하고자 하였다. 공자가 이르기를 "군자는 밥 한 끼를 먹는 사이에도 '인'을 떠나지 않거니 급박한 가운데서도 반드시 '인'을 따르고, 곤궁한 가운데서도 반드시 '인'을 따른다(君子無終食之間違仁, 造次必於是, 顛沛必於是)"논4-5라고 하였다. 뭇사람의 모범이 되는 군자라면 잠시 잠깐이라도 '인'을 추구하고 행하기 위한 노력을 게을리하지 않아야 하며, 그것은 설령 아무리 다급하고 곤궁한 상황이라도 결코 예외일 수 없다. 공자는 또 "인도仁道에 뜻이 있는 선비나 인덕을 닦는 사람은 살길을 찾으려 '인'을

훼손하지 않으며 오히려 기꺼이 자신을 희생해 '인'을 이룬다(志士仁人, 無求生以害仁, 有殺身以成仁)"논15-9라고 하였다. 의식이 있고, 포부가 있는 사람이라면 '인'을 추구하기 위해 부귀영화를 대수롭지 않게 여길 뿐만 아니라 심지어 목숨까지 아끼지 말아야 한다. 진정 "아침에 도道를 깨달으면 저녁에 죽어도 좋다(朝聞道, 夕死可矣)"논4-8는 공자의 말이 빈말이 아님을 알겠다.

(2) 인仁과 예禮

'인'의 본질은 사람을 사랑하는 것이다. 바꿔 말하면 '인'은 한 사람이 다른 사람에 대해 갖는 내재적 관심과 애정이요, 또한 사회 구성원 한 사람 한 사람의 내재적 덕성이다. 하지만 그러한 '인'도 공언空言에 그쳐서는 아무런 의미나 가치를 갖지 못한다. '인'은 반드시 사람과 사람 사이에서 혹은 사람과 일 사이에서 명실상부하게 구현되어야 한다. 이에 공자는 '인'의 표현 형식으로 '예'를 내세워 양자를 긴밀히 연계 결합시킴으로써 상호 의존·보완·제약하는 관계를 설정하면서 심층적 의미를 부여하였다. 이는 이전에는 찾아볼 수 없던 공자의 독창적 인식으로, '예' 사상의 중대한 발전을 이끈 것이다.

'예'란 간단히 말해서 사회의 안정과 조화, 질서를 유지하는 데

유용한 방편으로서의 문물제도와 도덕규범, 예절 습속을 총칭한다. 공자 사상의 핵심인 '인'은 바로 이 같은 '예'를 통해 표현되고, '예'로써 조절·절제되어야 한다. 「안연편」에서 안연이 '인'을 행하는 문제에 대해 묻자 공자가 말하였다. "자신의 사욕을 극복하고 일체의 언행을 '예'의 규범에 맞게 하는 것이 바로 '인'을 행하는 것이다(克己復禮爲仁)." 또한 "'인'을 실행하는 것은 완전히 자기 자신에게 달려 있다(爲仁由己)." 안연이 다시 그 구체적인 방법을 묻자 공자가 말하였다. "'예'가 아니면 보지도 말고, 듣지도 말고, 말하지도 말고, 행동하지도 말아야 한다(非禮勿視, 非禮勿聽, 非禮勿言, 非禮勿動)"논12-1. 어떤 사람이 일상생활 속에서 모든 언행을 '예'에 부합되게 해 다양한 인간관계를 두루 원만하게 이루어나간다면 진정 '인자'로서 손색이 없을 것이다.

「위정편」에서 맹의자孟懿子가 '효'에 대해 묻자 공자가 말하였다. "'예'를 어기지 않는 것이오(無違)." 그리고 나중에 공자는 번지에게 그 뜻을 부연 설명하였다. "('효'란) 부모님이 살아 계실 때에는 '예'로써 섬기며, 돌아가시면 '예'로써 장사지내고 또 '예'로써 제사 드리는 것이다(生, 事之以禮; 死, 葬之以禮, 祭之以禮)"논2-5. '인'의 근본인 '효'도 '예'를 통해 드러나고, '예'에 부합하는지 여부로 그 의미와 가치를 가늠한다는 것이다.

「위영공편」에서 공자가 말하였다. "지혜로 벼슬을 얻고 인덕으로 그것을 능히 지키며 위엄으로 백성을 다스리더라도 백성을 동원함에 '예'로써 하지 않는다면 아직은 나무랄 데가 없지 않다(知及之, 仁能守之. 莊以涖之, 動之不以禮, 未善也)"논15-33. 어떤 사람이 설령 인덕을 갖추고 있다 하더라도 그 처사가 '예'에 맞지 않다면 아직은 나무랄 데 없이 훌륭한 사람은 아니다.

「태백편」에서 공자가 말하였다. "공손하기만 하고 '예'로써 절제할 줄을 모르면 헛되이 수고로울 뿐이고, 삼가기만 하고 '예'로써 절제할 줄을 모르면 겁을 먹고 두려움을 갖게 되며, 용감하기만 하고 '예'로써 절제할 줄을 모르면 사회를 어지럽히게 되고, 강직하기만 하고 '예'로써 절제할 줄을 모르면 남에게 박절하게 된다(恭而無禮則勞, 愼而無禮則葸, 勇而無禮則亂, 直而無禮則絞)"논8-2. 공손함, 삼감, 용감함, 강직함은 모두 '인'으로부터 파생된 덕목이다. 하지만 그 또한 '예'로써 절제되지 않는다면 각각의 부작용을 피할 수가 없다.

이처럼 사람은 인애의 마음만으로는 부족하며 반드시 '예'의 규범과 의의에 맞게 자신의 언행을 조절해 '적중適中함'의 아름답고 고귀한 빛을 발하게 하여야 한다. 그렇게 하지 않으면 결코 '인'을 제대로 실행할 수가 없다. 공자가 '예'를 한껏 중시한 까닭

은 바로 여기에 있다. 『논어』에는 '예' 자字가 모두 75차례 등장한다.

 '예'는 분명 공자의 사상 체계에서 매우 중요한 위치를 차지하고 있다. 하지만 '예'는 필경 '인'에 종속된 것으로, '인'의 외면적 요구에 지나지 않는다. 때문에 '예'는 무엇보다 '인'의 내면적 가치를 밖으로 드러내 보여야만 비로소 그 사회적 의의와 가치를 인정받게 된다. '인'은 '예'의 내재적 가치의 근원이요, '예'는 '인'의 외면적 표현의 형식이다. 다시 말해 '인'이 '예'의 내용이라면 '예'는 '인'의 형식이요, '인'이 '예'의 영혼이라면 '예'는 '인'의 표현이다.

 또한 '예'는 인간의 행위 준칙이자 인간에 대한 사회의 외재적 제약이다. '인'은 '자신을 수양하고(修己)' '다른 사람을 사랑하는(愛人)' 내재적 자각이자 자강불식自强不息, 스스로 한껏 굳세어지고자 끊임없이 애씀의 정신이다. 만약 외재적 제약만 있고 내재적 자각이 없다면 사람의 행위는 단지 강제된 결과에 지나지 않으며, 그로 인해 사람이 사람일 수 있는 그 본연의 고유한 특징을 잃게 되고, 예의禮義 규범과 제도의 실행 또한 대단히 어려워질 것이다. 반대로 내재적 자각만 있고 외재적 제약이 없다면 사람들은 각기 자신의 기준에 따라 처신 처사하면서 존비尊卑 상하의 질서를 유지

하기가 어렵게 될 것이다. 이에 공자는 '인'을 '예'에 인입引入시켰고, 그렇게 하여 양자兩者가 서로 결합되면서 '예'가 '인'의 사상과 정신을 담게 되었으며, 나아가 인간의 인격적 자각의 기초 위에 '예'의 의의와 가치가 확립되게 되었다. 그리하여 '예'는 더 이상 외부의 제약과 강제가 아니라 인간 내면의 지향과 요구가 되면서 '극기복례'하려는 인간의 자각성을 제고하였고, 예의 규범과 제도의 실행 또한 한결 수월하게 되었다. 공자가 말하였다. "사람으로서 오히려 '인'하지 않다면 '예'를 어떻게 하랴?(人而不仁, 如禮何)"논3-3 '인'에 대한 자각으로 '예'를 실천하고, '예'의 준칙에 따라 '인'을 실행한다면 '인'과 '예'가 함께 흥성하며 상호 보완 촉성促成하게 될 것이다.

(3) 인仁과 중용中庸

'인'은 일종의 도덕 수양으로, 궁극적으로 사람의 언행 속에 투영되어 나와야 한다. 다시 말해 '인'은 실천적 성격이 지극히 강한바 '예'가 '인'의 표현 내지 실천의 형식이었다면 '중용'은 곧 '인'의 실천 원칙론 내지 방법론으로서의 의의와 가치를 지닌 덕목이다.

'중용'의 함의는 무엇인가? 우선 『설문해자說文解字』에서 "'중'은

'정正'의 뜻이고(中, 正也)" "'용'은 '용用'의 뜻(庸, 用也)"이라고 하였으니, '중용'은 인간 감정과 행위의 '바른 운용'을 이르는 것으로 풀이할 수 있다. '중용'의 실천성은 바로 이 같은 의미에서도 잘 드러나고 있다. 한편 주자는 『논어집주』에서 '중'은 '지나치거나 모자람이 없음을 일컬음이요(無過不及之名)' '용'은 '평상적임(平常)'을 말한다고 하였다. 그리고 정자程子의 견해를 인용해 '치우치지 않음(不偏)'이 '중'이요, '변하지 않음(不易)'이 '용'인바 '중'은 '천하의 바른 도리(天下之正道)'요, '용'은 '천하의 항구불변의 진리(天下之定理)'라고 하였다. 요컨대 '중용'은 지나치거나 모자라지도 않고 또 어느 한쪽으로 치우치지도 않으면서 평상적이고 변함없는 덕성으로, 중정中正 · 중화中和 · 중도中道 등의 개념을 포괄하는 것으로 이해된다.

공자께서 말씀하셨다. "중용의 덕성은 필시 지극한 것이건만 사람들 가운데 능히 그 덕을 닦고 행하는 이를 찾아보기 힘든 지 이미 오래되었다."

子曰: "中庸之爲德也, 其至矣乎! 民鮮久矣." 논6-27

이는 『논어』에서 '중용' 두 자를 직접 언급한 유일한 구절이다. 공자는 오랜 세월 세도世道가 쇠미해 사람들이 '중용'의 덕을 결여하고 있음을 개탄하고 있다. 또한 '중용'을 사람이 마땅히 갖추어야 할 지덕至德, 즉 지극한 덕성으로 제시하면서 그 실천성을 아울러 강조하였다. 공자의 사상체계에서 '중용'은 '인'·'예'와 함께 최고선最高善, 인간 행위의 최고의 목적과 이상이 되면서 또 그 근본 기준이 되는 선의 범주에 속한다.

'중용'의 사상은 『논어』 전편을 통해서 시종 직간접적으로 창도唱導 구현되고 있는데, 그 내용은 대략 두 가지로 요약된다.

첫째, '중정中正' ― 불편부당不偏不黨·무과불급無過不及이다. 「요왈편堯曰篇」에 따르면 일찍이 요임금은 순舜에게 양위讓位하며 특별히 '윤집기중(允執其中)'논20-1, 즉 매사에 성실히 '중中'을 견지 봉행奉行할 것을 권면하였다. 여기서 '중'은 곧 '중정'의 뜻으로, 정사상政事上 불편부당어느 쪽으로도 치우침이 없이 아주 공평하고 공정함하고 무과불급지나침도 모자람도 없음한 원칙을 이른다. 이는 곧 공자 중용사상의 근원이다. 아무튼 중용사상의 핵심은 바로 '중정'인바 요임금은 순에게 천하를 다스리며 매사에 무엇보다 중정하여야 함을 일깨워준 것이다.

자공子貢이 여쭈었다. "사師, 자장子張와 상商, 자하子夏은 누가 더 낫습니까?" 공자께서 말씀하셨다. "사는 지나친 면이 있고, 상은 모자란 면이 있다." 자공이 말했다. "그렇다면 사가 낫다는 말씀입니까?" 공자께서 말씀하셨다. "지나친 것도 모자란 것과 마찬가지로 좋지 않다."

子貢問: "師與商也孰賢?" 子曰: "師也過, 商也不及." 曰: "然則師愈與?" 子曰: "過猶不及." 논11-16

공자는 '과유불급', 즉 지나친 것과 모자란 것이 다 좋지 않다는 뜻을 분명히 하였다. 그것은 물론 두 가지 모두 '중용'의 도道에 부합하지 않기 때문이다. 모름지기 사람은 범사凡事에 지나쳐서도 아니 되고, 모자라서도 아니 되며 오로지 알맞고 마땅하도록 해야 한다. 공자가 찬미한 '오미五美' — "(위정자가) 백성들에게 은혜를 베풀되 스스로 낭비하지 않고, 백성들에게 일을 시키되 원망을 사지 않으며, 스스로 인의仁義에 대한 의욕을 보이되 탐욕을 부리지 않고, 침착하고 의젓하되 교만하지 않고, 위엄이 있으되 사납지 않은 것(惠而不費, 勞而不怨, 欲而不貪, 泰而不驕, 威而不猛)" 20-2 등 다섯 가지 미덕은 모두 행동과 감정의 최적最適 상태에 이른 것이니 진정 '중용'이 따로 없다.

한데 공자의 '중용'사상은 결코 절충주의가 아님을 알아야 한다. 절충주의란 여러 가지 상이한 관점, 이론, 사상을 원칙 없이 기계적으로 결합하는 것으로, 원칙상 대립되는 견해나 입장 사이에서 졸렬히 조화를 추구하며 무골호인無骨好人 노릇을 하는가 하면 불화나 분쟁 따위를 원칙도, 시비是非도 없이 두루뭉술하게 수습 처리하는 태도를 이른다. 공자가 "시비 분별도 없이 세속에 영합하면서도 겉으로는 점잖고 성실하고 후덕하게 처신해 순박한 마을 사람들에게 인정받는 무골호인은 도덕을 파괴하는 해충이다(鄕原, 德之賊也)"논17-13라고 비판한 것은 곧 절충주의에 대한 반대요 경고나 다름이 없다. 이에 반해 공자의 '중용', '중정' 사상은 분명한 원칙과 기준이 있으니, '인'과 '예'가 바로 그것이다.

공자께서 말씀하셨다. "군자는 천하만사에 있어 반드시 어떻게 해야 된다는 것도 없고 또 반드시 어떻게 하면 안 된다는 것도 없으며, 오직 알맞고 마땅함에 따를 뿐이다."

子曰: "君子之於天下也, 無適也, 無莫也, 義之與比."논4-10

군자는 매사에 개인적인 호오好惡나 선입관에 얽매이지 아니하고 오로지 '의義', 즉 알맞고 마땅하며 합리合理함을 표준으

로 삼는다. '의'는 곧 '인'의 범주에 속하고, '인'은 또 '예'를 그 표현 형식으로 삼으니, '중정' 내지 '윤집기중'은 분명 '인'·'의'와 '인'·'예'에 따라 한껏 알맞고 마땅하게 처신 처사함이다. 이 같은 '중용'사상의 분명한 원칙성은 절충주의와는 근본적으로 다른 것이다.

둘째, '화이부동和而不同'이다.

> 공자께서 말씀하셨다. "군자는 다른 사람의 의견에 잘 조화하지만 부화뇌동하지는 않고, 소인은 다른 사람의 의견에 부화뇌동하지만 잘 조화하지는 않는다.
>
> 子曰: "君子'和而不同', 小人'同而不和'." 논13-23

여기서 이른바 '화和'와 '동同'은 공자 이전부터 널리 쓰여 온 철학 용어이다. '화'는 대립적 통일 내지 유차이有差異·다양성의 통일로, 상호 대립되고 모순되는 측면 또는 갖가지 서로 다른 인소因素의 조화 통일을 말한다. 반면 '동'은 무無차이의 동일同一로, 모순 대립되는 측면의 차이나 갖가지 서로 다른 인소를 인위적으로 제거함으로써 억지로 모두가 꼭 같아짐을 이른다. 이를테

면 음식에서 신맛, 쓴맛, 매운맛, 단맛, 짠맛을 한데 잘 어우러지게 해 오미五味가 조화를 이루어야만 비로소 맛있는 음식이라 할 수 있다. 또 음악에서 궁宮, 상商, 각角, 치徵, 우羽의 음音을 한데 잘 어우러지게 해 오음五音이 공명共鳴하며 조화되어야만 비로소 아름다운 음악이라 할 수 있다. 하지만 짠맛을 좋아하는 이가 마냥 소금을 넣고, 단맛을 좋아하는 이가 그저 설탕을 넣는다거나 궁 음音을 좋아하는 이가 다른 음을 배척하고, 상 음을 좋아하는 이가 다른 음을 쓰지 않는다면 어찌 음식의 맛과 음악의 아름다움을 말할 수 있겠는가? 공자의 '화' 사상은 바로 이 같은 관점에서 한 걸음 더 나아가 인간관계의 사고思考 속에서 새롭게 발전 형성된 것이다.

사람은 어떤 문제에 대해 서로 다른 견해를 가질 수 있으며, 그것은 지극히 정상적인 현상이다. 그러므로 군자는 평소 인간관계 속에서 다른 사람과 보다 조화롭고 우호적인 관계를 유지해가지만 결코 특정한 문제에 대해 서로 견해가 같기를 강구强求하지도, 강요하지도 않는다. 그게 바로 '화이부동'이다. 진정한 벗이란 상호 의견을 교환하고 사상을 교류함으로써 공동 인식에 도달할 수 있는 사람들이다. 그들은 설령 일시적으로 의견의 일치를 보지 못할지라도 결코 상호간의 화기和氣를 훼손하지 않

으며 기꺼이 시간을 두고 누구의 의견이 보다 정확한지를 검증한다. 진정한 군자는 인간관계 속의 이익이나 갈등을 그다지 중시하지 않지만 보다 근본적인 중대한 시비선악의 문제에 있어서는 오히려 자신의 입장을 견지하는 데에 누구보다도 용감하다. 진정한 군자는 인간관계 속의 은혜와 원한을 그다지 따지지 않지만 오히려 능히 서로 다른 의견을 직시하면서 같은 점을 추구하고 다른 점은 그대로 인정한다. 이와 같이 피차 능히 상대방의 독자적인 견해를 용인하면서 그와 다른 자신의 관점을 숨기지 않을 수 있어야만 비로소 참된 정성으로 만나고, 흉금을 터놓고 친하게 사귀는 '군자의 사귐(君子之交)'이라 할 수 있다. 군자도 결점은 있으나 적어도 사상의 자유와 인격의 독립을 긍정하고 유지할 수는 있는 것이다.

반면 소인은 특정한 문제에 대한 견해를 놓고 타인의 심리에 영합하거나 타인의 의견에 부화附和하지만 내심으론 오히려 상대방에 대해 조화롭거나 우호적인 의식이나 태도를 유지하지만은 않는다. 그게 바로 '동이불화同而不和'다. 그들은 자신의 생각을 숨기거나 근본적으로 자신의 생각 자체가 없이 단지 기회주의적으로 부화뇌동할 따름이다. 더욱이 심한 경우에는 당동벌이黨同伐異, 즉 옳고 그름은 따지지도 않고 같은 무리끼리는 서로 돕

고 옹호하며 다른 무리는 무조건 배척 반대하기도 한다. 그러면서 사람과 사람 사이에는 서로 다른 테두리가 그려지고, 파벌이 형성되며 '벗'의 진정한 의미 또한 완전히 사라지게 된다.

아무튼 '화이부동'과 '동이불화'는 인생 만사에 있어서 왕왕 그 함의가 구별 적용되는데, '화이부동'은 '중용'의 내용을 구성하는 한 측면으로서 '인'을 핵심으로 하는 공자 사상의 심오한 철리哲理와 뛰어난 지혜를 웅변한다.

2. 정치사상

'천하무도'의 난세를 살며 구세에의 고민이 깊었던 공자의 정치사상은 기본적으로 '인자애인'의 사상 강령을 관철하는 데 그 지향志向과 종지宗旨가 있다. 공자는 이른바 인정仁政 덕치의 이상 정치를 주창하였는데, 그 주요 내용은 대략 다음과 같다.

(1) 덕정德政을 베풀어라

공자께서 말씀하셨다. "덕德으로 나라를 다스리는 것은 비유하자면 북극성은 제자리에 가만히 있는데 뭇 별들이 모두 그 주위를

에워싸고 도는 것과 같다."

子曰: "爲政以德, 譬如北辰, 居其所, 而衆星共之." 논2-1

여기서 '위정이덕爲政以德', 즉 덕으로 나라를 다스리는 것은 공자가 위정의 기본 원칙으로 제시한 것이다. 물론 이는 결코 빈구호가 아니다. 그 구체적인 실천 강령으로 『논어』에서는 다음과 같은 내용이 강조되고 있다.

위정자는 관후寬厚하여야 함　이는 공자가 춘추 말엽 위정자들이 신민臣民을 사형에 처하는 일이 비일비재했던 정치 현실을 염두에 둔 주장이다.

군주가 심성이 너그럽고 후덕하면 민중의 지지를 받고, 사람을 대함에 정성스럽고 신실信實하면 백성의 신뢰를 얻으며, 일을 함에 부지런하고 재빠르면 공적을 쌓고, 행정 처사處事에 공정 무사無私하면 백성들을 기쁘게 할 것이다.

寬則得衆, 信則民任焉, 敏則有功, 公則說. 논20-1

위정자는 무엇보다 관용할 줄 알아야 만백성의 지지와 추대

를 받을 수 있다. 만약 위정자가 너그럽지 못해 형벌을 남용한다면 군중이 등을 돌리고 친족과 인척이 모두 떠나갈 것이다.

공자께서 말씀하셨다. "윗자리에 있으며 너그럽지 않고, 예禮를 행하며 공경하지 않으며, 상사喪事에 임하여 슬퍼하지 않는다면 내가 무엇으로 그 사람됨을 살피겠는가?"

子曰: "居上不寬, 爲禮不敬, 臨喪不哀, 吾何以觀之哉?"논3-26

이렇듯 공자는 높은 자리에 있으면서도 관후, 즉 너그럽고 후덕하지 못한 사람에 대해 강한 불만을 토로하였다. 위정자는 무엇보다 사형을 시행하지 않아야 한다.

계강자季康子. 노나라 대부가 공자께 정치를 어떻게 하는 것인지를 여쭈며 말했다. "무도한 자를 죽여서 백성들로 하여금 올바른 길로 나아가게 하면 어떻습니까?" 공자께서 말씀하셨다. "대부께서는 정치를 하며 어찌 사람을 죽이는 방법을 쓰려고 합니까? 대부 스스로 먼저 선善해지려고 하면 백성들은 절로 선해질 것입니다. 높은 벼슬아치의 덕은 흡사 바람과 같고, 일반 백성의 덕은 흡사 풀과 같습니다. 풀 위에 바람이 불면 풀은 반드시 바람이 부는 대로

눕게 마련입니다."

季康子問政於孔子曰: "如殺無道, 以就有道, 何如?" 孔子對曰: "子
爲政, 焉用殺? 子欲善而民善矣. 君子之德風, 小人之德草. 草上之
風, 必偃." 논12-19

공자께서 말씀하셨다. "'선한 사람이 100년 동안 나라를 다스리면
잔악한 이들을 교화하고, 살육의 형벌을 없앨 수가 있다'고 하는
데, 참으로 맞는 말이로다!"

子曰: "'善人爲邦百年, 亦可以勝殘去殺矣.' 誠哉是言也!" 논13-11

공자는 형벌을 엄격히 시행하며 나라를 다스리겠다는 계강자
의 생각에 제동을 걸고 그가 선정을 펴 인덕仁德으로 백성들을
감화해나갈 것을 권면하였다. 또한 선인이 상당한 기간 나라를
다스리면 필시 덕정으로 백성을 교화하고, 사형을 폐지하는 등
그 치적이 두드러질 것이라는 데에도 크게 공감하였다.

위정자는 또 아랫사람의 사소한 과오를 용인할 수 있어야 한
다. 중궁仲弓이 계씨季氏의 가신으로 있으며 정치를 어떻게 해야
하는지를 물었을 때 공자는 '아랫사람의 작은 잘못을 용서할(赦

小過)'논13-2 줄 알아야 한다고 하였다.

> 소인은 섬기기는 어려우나 기쁘게 하기는 쉽다. 그를 기쁘게 함에
> 설령 올바른 방도로 하지 않더라도 그는 기뻐한다. 하지만 그가
> 사람을 부릴 때는 오히려 완전무결할 것을 요구한다.

> 小人難事而易說也. 說之雖不以道, 說也. 及其使人也, 求備焉.논13-25

사람이 관용할 줄 모르고 다른 사람의 사소한 잘못을 일일이 따지고 나무라며 완벽하기를 요구하는 것은 소인배의 기질에 지나지 않는다는 것이 공자의 생각이다. 그러니 사람을 대함에 인후仁厚하고 관용하는 것은 위정자가 반드시 갖추어야 할 덕목이라 하겠다.

위정자는 시혜施惠하여야 함 '관후'와 '시혜'는 모두 '인자애인'의 정신에 입각해 위정자가 갖추고 행하기를 요구하는 자질이다. 다만 전자가 도덕정치 방면에 치우쳐 있다면 후자는 보다 경제적인 측면에 치중해 통치자가 백성들에게 실제적 이익을 가져다 줄 것을 요구한다. 「요왈편」에서 공자는 위정자가 중시해야 할 다섯 가지 미덕을 일러주며 '(위정자가) 백성들에게 은혜

를 베풀되 스스로 낭비하지 않는 것(惠而不費)'을 가정 먼저 강조하였다. 이른바 '은혜를 베풀되 낭비하지 않는 것'은 공자의 풀이에 따르면 '백성들이 그들에게 이익이 되는 일을 통해 그 실제 이익을 얻게 하는 것(因民之所利而利之)'논20-2이다. 이를테면 위정자가 직접 힘들이고 돈 들여서 고기를 잡아주는 게 아니라 백성들이 스스로 고기를 잡을 수 있도록 방법을 일러 주고 여건을 마련해 줌으로써 백성들이 그 실제 이익을 얻어 누릴 수 있게 하는 것이다.

공자는 위정자가 백성들에게 시혜, 즉 은혜를 베푸는 차원에서 가장 먼저 부민富民. 백성들을 유복하게 함 정책을 펼 것을 주장하였다.

공자께서 위衛나라에 가시는데 염유冉有가 수레를 몰았다. 공자께서 말씀하셨다. "사람이 참 많구나!" 염유가 말했다. "한 나라에 백성이 많아진 다음에는 또 무엇을 해야 합니까?" 공자께서 말씀하셨다. "그들을 유복하게 해주어야 한다."

子適衛, 冉有僕. 子曰: "庶矣哉!" 冉有曰: "既庶矣, 又何加焉?" 曰: "富之."논13-9

여기서 우리는 공자 정치사상의 정화를 보게 된다. 공자가 볼 때, 한 나라에 우선은 인구가 많아야 하지만 무엇보다 많은 백성들을 유복하게 해주어야 한다. 그래야 그 나라가 강성해질 수 있다. 일찍이 『관자管子』「치국편治國篇」에서도 말했듯이 "무릇 나라를 다스리는 방도는 반드시 먼저 백성들을 유복하게 하는 것이다(凡治國之道, 必先富民)."

「안연편」에서 노나라 애공哀公이 유약有若에게 물었다. "흉년이 들어 국가 재정이 부족한데 어떻게 하면 좋소?" 유약이 십일세十一稅. 소득의 1/10을 과세하는 조세법의 시행을 권고하자 애공이 말했다. "현재 2할 과세로도 부족한데 어떻게 1할 과세를 시행한단 말이오?" 유약이 말했다. "백성들의 살림살이가 넉넉하다면 임금님 재정이 어떻게 부족하겠으며, 백성들의 살림살이가 가난하다면 임금님 재정이 어떻게 풍족할 수가 있겠습니까?" 백성들의 삶이 풍족해야 나라가 부강해질 수 있다는 유약의 주장은 곧 공자의 '부민' 관념에 대한 부연 설명과 다름없다.

공자는 백성들에 대한 가렴주구를 끊임없이 반대하였으며, 위정자의 그 같은 악행에 대해서는 결코 좌시하지 않았다.

계씨季氏는 주공周公보다 부유하거늘 염구冉求가 오히려 그를 위하

어 민재民財를 수탈해 그 재부財富를 더욱 늘려주었다. 이에 공자
께서 말씀하셨다. "염구는 이제 내 제자가 아니다. 너희들은 크게
북을 쳐 그를 공박攻駁해도 좋다."

季氏富於周公, 而求也爲之聚斂而附益之. 子曰: "非吾徒也. 小子
鳴鼓而攻之, 可也."논11-17

계씨는 노나라 대부로 권세가 등등한 세도가였던지라 그의
부富는 가히 주공을 능가할 정도였다. 한데도 염구가 어처구니
없는 짓을 한 것이다. 염구는 본디 공자가 꽤 아끼는 제자였다.
하지만 분노가 극에 달한 공자는 급기야 그를 문하에서 축출하
고, 여러 제자들로 하여금 그의 악행을 성토하라고까지 하였다.
'부민' 문제에 있어서 공자의 입장과 태도는 더욱 '인자애인'의
정신을 관철하고 있다.

백성의 징용徵用은 합리적이어야 함 '위정이덕'은 또 백성들을
진정으로 아끼고 사랑해 가능한 한 그들의 입장에 서서 생각하
고 이해하여야 한다. 옛날에는 나라의 크고 작은 부역에 백성을
징용하는 경우가 많았는데, 그럴 때 보다 합리적인 처사가 요구
된다. 「학이편」에서 공자는 다음과 같이 치국治國의 몇 가지 중

요한 원칙을 제시하였다.

 정사政事를 신중하고 정성스럽게 처리하며 신실함을 다하고, 재정
 지출을 아끼면서 만백성을 사랑하며, 특히 백성을 부릴 때는 농한
 기에 맞추어야 한다.

 敬事而信, 節用而愛人, 使民以時.논1-5

 백성의 징용은 그들의 삶에 지대한 영향을 미치는 일이다. 때
문에 공자는 특별히 농번기를 피해야 한다는 점을 강조한 것이
다. 또 백성의 동원이 불가피한 것이라면 백성들이 징용되어 노
역을 하고도 원망하지 않도록 하여야 한다.

 노역을 할 만한 일이나 때를 골라 노역하게 하면 어느 누가 원망
 을 하겠느냐?

 擇可勞而勞之, 又誰怨?논20-2

 이는 정치하는 방도를 묻는 자장에게 공자가 대답한 말이다.
고대사회에서 농번기를 놓치는 것은 곧 일 년 농사를 망치는 것

인 만큼 농한기에 맞추고, 또 사람마다 감당할 수 있는 능력이나 특장이 다 다른 만큼 각자에 맞는 일을 찾아 맡기는 식으로 백성들에게 노역을 시키면 크게 원망을 살 일도 없다는 것이다. 위정자는 항시 백성들을 아끼고 배려할 줄 아는 인애仁愛의 후덕함이 있어야 한다.

(2) 솔선수범하라

'인'은 일종의 내재적 수양이다. 하여 공자는, 모름지기 위정자는 스스로 덕성을 함양하고 품행을 단정히 하여 백성들에게 모범을 보여야 한다고 하였다. 윗물이 맑으면 아랫물은 절로 맑아진다는 이치다. 노나라 대부 계씨의 가신이던 중궁이 정치하는 방법을 물었을 때 공자가 가장 먼저 강조한 것도 바로 '속관屬官들에게 솔선수범하라(先有司)'논13-2는 것이었다.

> 계강자가 공자께 정치에 대해 여쭙자 공자께서 대답하셨다. "'정政' 자字는 바르게 한다는 뜻이니, 대부께서 솔선해 바르게 하면 누가 감히 바르게 하지 않겠습니까?"
>
> 季康子問政於孔子. 孔子對曰: "政者, 正也. 子帥以正, 孰敢不正?"
>
> 논12-17

공자께서 말씀하셨다. "위정자 자신이 바르면 백성들은 명령을 내리지 않아도 알아서 잘할 것이다. 하지만 위정자 자신이 바르지 않으면 백성들은 설령 명령을 내린다 해도 따르지 않을 것이다."

子曰:"其身正, 不令而行; 其身不正, 雖令不從." 논13-6

공자께서 말씀하셨다. "위정자가 자신의 언행을 바르게 한다면 정치를 하는 데 무슨 어려움이 있겠는가? 하지만 위정자가 자신의 언행을 바르게 하지 못한다면 어떻게 다른 사람을 바로잡을 수 있겠는가?"

子曰:"苟正其身矣, 於從政乎何有? 不能正其身, 如正人何?" 논13-13

위정자가 스스로 정도를 걷고 솔선수범하여 언행을 바르게 하면서 백성들을 이끌고 다스린다면 어느 누가 본받고 따르지 않겠는가? 그뿐만 아니라 위정자가 그 같은 모습을 보여준다면 백성들은 기꺼운 마음으로 스스로 알아서 자신이 할 일을 찾아서 할 터이니 나라를 다스리기가 얼마나 쉬워지겠는가? 반면 위정자 자신이 바르지 않다면 그가 내리는 정령이 어찌 백성들의 마음을 움직여 바른 길을 가고, 통치를 따르게 할 수 있겠는가?

상행하효上行下效, 즉 윗사람이 하는 대로 아랫사람은 따라하게 되어 있다는 것이 공자의 일관된 생각이다.

공자께서 말씀하셨다. "…백성의 영도자가 그 친인척에게 도탑게 하면 백성들은 떨치고 일어나 인후仁厚함으로 나아가고, 또 교분을 나눈 지 오래된 사람을 함부로 버리지 않으면 백성들은 사람을 대함에 박정하지 않게 된다."

子曰: "…君子篤於親, 則民興於仁; 故舊不遺, 則民不偸." 논8-2

공자께서 말씀하셨다. "…윗사람이 예절을 좋아하면 백성들은 감히 공경하지 않는 이가 없고, 윗사람이 도의道義를 좋아하면 백성들은 감히 복종하지 않는 이가 없으며, 윗사람이 신의를 좋아하면 백성들은 감히 진실하지 않는 이가 없을 것이다."

子曰: "…上好禮, 則民莫敢不敬; 上好義, 則民莫敢不服; 上好信, 則民莫敢不用情." 논13-4

계강자가 도둑이 많은 것을 걱정하여 공자께 여쭈었다. 공자께서 대답하셨다. "만약 대부께서 능히 탐욕하지 않는다면 설령 상을

준대도 백성들은 도둑질을 하지 않을 것입니다."

季康子患盗, 問於孔子. 孔子對曰: "苟子之不欲, 雖賞之不竊."논12-18

이렇듯 위정자가 솔선수범한다면 그 효과는 더할 나위 없을 정도다. 공자가 이른 대로 "높은 벼슬아치의 덕은 흡사 바람과 같고, 일반 백성의 덕은 흡사 풀과 같아서 풀 위에 바람이 불면 풀은 반드시 바람이 부는 대로 눕게 마련이다(君子之德風, 小人之德草. 草上之風, 必偃)"논12-19. 공자는 심지어 나라에 도둑이 기승을 부리는 것도 따지고 보면 탐욕에 눈이 먼 통치자들이 헐벗고 주린 백성들의 고혈을 짜낸 탓에 그들이 위험을 무릅쓰게 된 것이라고 생각하였다. 하여 도둑 없는 사회를 만들기 위해서는 통치자가 먼저 사욕을 억제할 것을 주문하였다. 아무튼 공자는 위정자의 역할과 영향이 이처럼 절대적이라는 판단 하에 위정자들이 자신의 품성과 도덕을 수양하는 데 매진해 모범을 보임으로써 백성들이 본받을 수 있도록 해야 함을 강조하였다. 자로가 공자에게 정치의 방도를 물었을 때 "위정자가 만사에 앞장서서 몸소 본보기가 되도록 하고, 그런 다음에 백성들로 하여금 열심히 일하게 하라(先之, 勞之)"논13-1라고 한 것은 바로 그 같은 취지를 설파한 것이다.

(3) 예치禮治를 펴라

공자의 정치사상은 기본적으로 덕정의 시행을 주장하며 형벌의 남용을 반대한다. 같은 맥락에서 공자가 국가 사회를 다스리는 방도로 내세운 것은 바로 '예치', 즉 예의 규범과 윤리 도덕으로 백성을 교화하고 계도하라는 것이다.

> 공자께서 말씀하셨다. "정령政令으로 이끌고 형벌로 다스리면 백성들은 형벌은 면하더라도 부끄러움을 모른다. 하지만 덕德으로 이끌고 예禮로써 가지런히 하면 백성들이 부끄러움을 알면서 개과천선하게 된다."
>
> 子曰: "道之以政, 齊之以刑, 民免而無恥. 道之以德, 齊之以禮, 有恥且格."논2–3

정령으로 다스리고 형벌로 제약하면 백성들이 애써 욕망을 억제해 범죄를 저지르지 않으려고 할 것이다. 하지만 위정자의 통치에 결코 심복心服하지도, 범죄 행위에 대해 부끄러움을 느끼지도 않을 것이다. 반면 예의와 도덕으로 가르치고 이끌면 백성들은 위정자의 통치에 마음으로 기뻐하고 성심으로 따르며 옳지 않은 행동을 부끄러워하고, 스스로 잘못을 고치고 바른 길로

나아가게 된다. 당시 일반 백성의 위상이나 존재가 더없이 보잘 것없던 시대에 공자는 오히려 그들의 인격과 존엄을 존중하고, 그들의 자각을 믿은 것이다. 더욱이 공자는 "백성들에게 '인仁'은 물이나 불보다 그 필요성이 더 절박함(民之於仁也, 甚於水火)"논15– 35을 강조하였으니, 누구보다도 위정자가 앞장서서 백성들을 인화仁化・예화禮化, 즉 '인'과 '예'로써 교화하기 위해 최선을 다해야 할 것이다.

사실 나라를 다스리다 보면 때로는 부득이하게 형벌을 시행할 수밖에 없는 경우가 있을 것이다. 그 점은 공자도 공감하는 바다. 다만 공자는 교육과 교화를 통해 최대한 형벌을 줄일 수 있도록 노력해야 함을 더욱 강조하였다.

공자께서 말씀하셨다. "쟁송爭訟하는 말을 듣고 판결하는 것은 나도 다른 사람만큼 하겠으나, 반드시 쟁송 자체가 없도록 할 것이다!"

子曰: "聽訟, 吾猶人也. 必也使無訟乎!"논12–13

공자는 백성들이 범죄를 저지르거나 분쟁을 일으키지 않아서 송사訟事 자체가 발생하지 않도록 하는 데에 위정자의 교화와 계도가 반드시 필요하고 또 상당한 효과를 발휘할 것으로 믿었다.

상술하였듯이 공자는 위나라에 가서 염유와 나눈 대화에서 강성한 나라를 이룩하기 위해 우선은 인구가 많아야 하고, 그 다음에는 그들을 유복하게 해주어야 한다고 하였다. 당시 염유가 다시 백성들이 유복해진 다음에는 또 무엇을 해야 하는지를 물었다. 공자가 대답하였다. "그들을 가르쳐야 한다(教之)"논13-9. 삶이 유복해진, 다시 말해 삶의 기본인 의식주 문제가 해결된 다음에는 예의 규범과 윤리 도덕으로 교육하고 교화해 백성들이 보다 사람다운 삶을 살 수 있도록 이끌어주고, 문명과 예의가 살아 숨 쉬는 아름다운 나라를 만들어가야 한다는 것이 공자의 생각이다. 강성 대국을 꿈꾸는 위정자라면 이 같은 교육과 교화의 중요성을 간과해서는 아니 될 것이다. 때문에 공자는 "백성들을 교육하지도 아니하고 죄를 지었다고 죽이는 것은 가혹하다 하고, 미리 훈계하지도 아니하고 성과를 다그치는 것은 포학하다 한다(不教而殺謂之虐, 不戒視成謂之暴)"논20-2라고 하는가 하면 "교육과 훈련을 받지 않은 백성들로 전쟁을 하는 것은 그들을 버리는 것(以不教民戰, 是謂棄之)"논13-30이라고 강도 높게 비판하였다.

공자는 또 민중을 영도함에 그들의 눈높이에 맞추어야 한다는 견해를 피력하기도 하였다.

공자께서 말씀하셨다. "백성은 도리道理를 좇아 행하게 할 수는 있어도 그 이치를 알게 할 수는 없다."

子曰: "民可使由之, 不可使知之." 논8-9

일찍이 공자는 "재지才智가 중등 이상인 사람에게는 고도하고 심오한 이치를 가르쳐 줄 수 있으나 재지가 중등 이하인 사람에게는 고도하고 심오한 이치를 가르쳐 주기가 어렵다(中人以上, 可以語上也. 中人以下, 不可以語上也)" 논6-19고 한 바 있다. 자연 법칙이나 인간 도리는 일견 평이한 듯하나 기실은 심원深遠한 이치가 내포되어 있다. 때문에 지적知的 수준이 높지 않은 민중을 가르치고 이끄는 위정자는 "백성은 도리를 좇아 행하게 할 수는 있어도 그 이치를 알게 할 수는 없음"을 명심해야 한다. 한데 '그 이치를 아는(知之)' 것도 결국은 '도리를 좇아 행하는(由之)' 가운데에 있으니, 민중을 교도함에 있어 이론적 이해와 설득을 우선시하기보다는 그 지적 수준을 고려해 생활 속 실천·실행을 권면하는 데 주력함으로써 소기의 성과를 달성하도록 해야 한다.

한편 사계 일각에서는 이 구절을 '일반 백성은 도리를 그대로 따라 행하게 하는 것은 괜찮으나 그 전후 이치를 알게 해서는 안 된다'는 뜻으로 이해해 공자가 우민愚民정책을 창도한 것이라고

비판하기도 하였다. 하지만 그것은 자의적인 해석의 소치이다. 사서四書 어디를 봐도 '우민'과 관련된 언론이나 사상은 찾아볼 수 없거니와 오히려 『대학大學』에서 보면 공자는(주자는 『대학』의 경문經文은 공자의 뜻을 증자가 기술한 것이라고 함) '대학지도大學之道'의 종지宗旨는 '백성을 새롭게 함에 있다(在親民)'고 하였다. 또 일각에서는 이 구절을 "백성들이 가하다고 하면 그들로 하여금 그렇게 하도록 하고, 불가하다고 하면 그들에게 왜 그렇게 해야 하는지를 알려준다(民可, 使由之; 不可, 使知之)"는 뜻으로 풀이하기도 하는데, 백성을 어리석게 하는 '우민'이 아니라 백성을 가르치는 '교민敎民'을 중시한 공자의 일관된 주장에 비춰볼 때 분명 참고할 만한 견해라고 하겠다.

(4) 현인賢人을 등용하라

공자는 인정 덕치를 제대로 실현하기 위해서는 재덕才德을 겸비한 현인에게 의지하지 않으면 안 된다고 하였다. 『중용』에 보면 노 애공이 정치를 어떻게 해야 하는지를 묻자 공자가 대답하였다. "주周 문왕·무왕이 행한 정치는 모두 목판木版과 죽간竹簡에 기록되어 있습니다. 성군과 현신이 있으면 그 정치가 잘 행해지나 성군과 현신이 없으면 그 정치도 끝나게 됩니다. 사람의

도道에 따를 때 정치의 효과가 신속히 나타나는 것은 땅의 도를 따를 때 수목을 신속히 성장시키는 것과 같습니다. 무릇 정치란 부들과 갈대가 잘 자라는 것처럼 그 효과가 쉽게 나타날 수 있습니다. 그러므로 정치의 성패는 어진 인재를 얻느냐 못 얻느냐에 달려 있습니다(文武之政, 布在方策. 其人存, 則其政擧; 其人亡, 則其政息. 人道敏政, 地道敏樹. 夫政也者, 蒲盧也. 故爲政在人)." 이처럼 공자의 '현인 정치' 관념과 사상은 그야말로 확신에 찬 것이었다. 『논어』에서도 관련 논술을 어렵지 않게 찾아볼 수 있다.

> 애공께서 물으셨다. "어떻게 하면 백성들이 기꺼이 따릅니까?" 공자께서 대답하셨다. "정직한 사람을 등용해 부정직한 사람 위에 두면 백성들이 기꺼이 따를 것이고, 부정직한 사람을 등용해 정직한 사람 위에 두면 백성들은 따르지 않을 것입니다."
>
> 哀公問曰: "何爲則民服?" 孔子對曰: "擧直錯諸枉, 則民服; 擧枉錯諸直, 則民不服." 논2-19

인재 등용을 바르게 하는 것이 백성들을 기꺼운 마음으로 따르게 하는 요체임을 강조하였다. 중궁이 공자에게 정치하는 방도를 물었을 때 '속관들에게 솔선수범하고' '아랫사람의 작은 잘

못을 용서할 줄 알아야 한다'고 한 것은 이미 상술한 바와 같다. 그리고 공자는 다시 한 가지를 더 강조하였으니, 곧 '어진 인재를 등용해야 한다(擧賢才)'논13-2는 것이다. 성세盛世의 실현을 꿈꾸는 통치자라면 현능賢能한 인재를 발굴해 적절한 임무를 맡기는 것이 얼마나 필요하고, 중요한 것인가를 마음 깊이 새겨야 할 일이다.

공자는 또 훌륭한 인재라면 그 출신을 불문하고 발탁 등용할 줄 알아야 한다는 점을 특별히 일깨워 주기도 하였다.

공자께서 중궁을 두고 말씀하셨다. "얼룩소의 송아지가 털이 붉게 빛나고 뿔이 단정하게 돋으면 비록 사람들이 제사에 희생으로 쓰지 않으려고 하더라도 산천의 신神이 어찌 그 송아지를 그대로 내버려두겠는가?"

子謂仲弓曰: "犂牛之子, 騂且角, 雖欲勿用, 山川其舍諸?"논6-4

송아지는 옛날 제사의 주요 희생이었으나 밭갈이에 많이 부린 미천한 얼룩소의 송아지는 희생으로 쓰지 않았다. 설령 얼룩소가 좋은 새끼를 낳아 털 색깔과 뿔 상태가 예禮에 부합된다고 하더라도 사람들은 편견에 사로잡혀 내키지 않아 하였다. 하지

만 현군賢君이라면 기꺼이 그 송아지를 희생으로 제사를 지낼 것이요, 그러면 산천의 신도 흔쾌히 흠향할 것이다. 공자는 바로 이 같은 비유로 중궁의 사람됨을 높이 평가한 것이다. 중궁의 아버지는 신분이 미천한 데다 행실까지 불선不善하였다. 한데 중궁은 공자가 일찍이 "경대부卿大夫의 높은 벼슬에 올라 백성을 다스리게 할 만하다(可使南面)"논6-1고 평가할 정도로 재덕이 출중한 인물이었다. 그러므로 비록 그 출신은 미천하지만 성군이라면 분명히 그를 높이 들어 쓸 것이라는 게 공자의 생각이다. 이렇듯 인재란 현능한 정도가 중요하지 출신 따위는 전혀 문제가 되지 않는다는 것이다. 공자의 이 같은 '현재 등용(擧賢才)'의 사상은 전통적인 '친척·친지親知 등용(擧親故)'의 관념을 타파함은 물론 귀족 혈통론을 정면으로 부정하는 혁신적이고 진보적인 것이었다.

한편 중궁은 '어진 인재를 등용하라'는 공자의 조언을 듣고 의문이 생겼다. "어진 인재를 어떻게 알아보고 등용합니까?(焉知賢才而擧之)" 공자가 말하였다. "우선 네가 아는 현재를 발탁해 등용하여라. 그러면 네가 모르는 현재는 다른 사람들이 설마 그냥 내버려두겠느냐?(擧爾所知, 爾所不知, 人其舍諸)"논13-2 일차적으로 자신이 아는 범위 안에서 현재를 알아보고 공정히 등용하는

것이 우선이다. 그러면 사람들이 그의 인재 등용이 공정 무사함을 알고 너도 나도 주변의 현재들을 천거해 올 것이니, 그때그때 최상의 인선을 하면 된다는 것이다. 사실 '현재를 알아본다(知賢才)'는 것은 현재 각인各人의 소질과 특장을 제대로 식별할 수 있어야 함을 의미한다. 인재마다 그 고유한 특성을 제대로 헤아려 적재적소에 배치하는 것이 무엇보다 중요하다. 그래서인가 공자는 사람의 재능을 살피는 데 상당히 유의하였다.

「공야장편」에서 노나라 대부 맹무백孟武伯이 자로와 염구冉求, 공서적公西赤이 어떤 인물인지를 물었다. 공자의 대답은, 자로는 제후의 나라에서 군사 업무를 맡아보게 할 만하고, 염구는 천 호戶의 대읍大邑이나 100대의 병거兵車를 보유한 경대부卿大夫의 채읍采邑에서 읍장邑長이나 가신 노릇을 할 만하며, 공서적은 예복을 갖춰 입고 조정에 서서 외국의 사절들을 접대하게 할 만하다는 것이었다. 당시 맹무백은 필시 인재를 찾고 있었던 것으로 보인다. 공자가 세 제자의 특장을 일일이 설명하며 적극적으로 천거하는 모습이 이채롭다.

아무튼 현인, 현재, 현신을 등용해 정치 일선에 배치해 각자의 역량을 충분히 발휘하게 하는 것은 정치 방법상 대단히 중요한 의의가 있다. 여기서 강조되는 '현賢', 즉 어짊은 구체적으로 어

떤 함의를 가질까? 공자는 기본적으로 '인仁'과 상통하는 것으로 규정하고 있는데, 오직 그 같은 인재만이 임금을 보좌해 인정·덕치를 시행할 수 있다는 것이다. 우선 춘추시대 정鄭나라 대부大夫 자산子産에 대한 공자의 평가를 보자.

> 공자께서 자산에 대해 말씀하셨다. "군자의 도道 네 가지를 갖추었으니, 스스로 처신하기를 겸손하게 하고 임금을 섬김에는 성심으로 공경하며, 백성을 기름에는 은혜를 다하고 백성을 부림에는 도의에 맞게 하였다."
>
> 子謂子産: "有君子之道四焉: 其行己也恭, 其事上也敬, 其養民也惠, 其使民也義."논5–16

자산은 정鄭 간공簡公과 정공定公을 도와 22년간 집정한 이름난 현상賢相으로, 진晉·초楚 두 강대국 사이에 위치한 정나라의 평화를 확보 유지한, 고대 중국의 뛰어난 정치가이자 외교관이다. 여기서 자산이 갖추고 있는 것으로 공자가 평가한 이른바 '군자의 도 네 가지'는 곧 거의 완벽한 '현재'·'현신'의 형상으로 손색이 없다고 할 수 있다.

이상은 공자 정치사상의 기본 내용이다. 덕정을 베풀며 솔선수범하고, 예치를 펴며 현인을 등용해 정사를 맡기는 등의 노력은 결국 최고 통치자로 하여금 인애의 마음으로 만백성을 어루만지고 이끌어주며 그들의 믿음과 지지를 얻음으로써 치세를 이룩할 수 있도록 할 것이다. 인정 덕치야말로 백성의 신임을 얻는 지름길이다. 백성의 신임은 국가 사회의 안정을 가져다주며 나아가 최고 통치자의 통치권을 더욱 공고히 해줄 것이다. 때문에 '인'을 핵심으로 한 공자의 정치사상에서 백성에게 신임을 얻는 것은 무엇보다 중요하다.

자공子貢이 정치를 어떻게 해야 하는지를 여쭙자 공자께서 말씀하셨다. "나라의 식량을 충분하게 하고 군비를 충실하게 하며 백성들이 조정을 신임하게 해야 한다." 자공이 말했다. "만부득이 한 가지를 줄여야 한다면 그 셋 가운데 어느 것을 먼저 줄여야 합니까?" 공자께서 말씀하셨다. "군비를 줄여야 한다." 자공이 말했다. "만부득이 또 한 가지를 줄여야 한다면 나머지 둘 가운데 어느 것을 먼저 줄여야 합니까?" 공자께서 말씀하셨다. "식량을 줄여야 한다. 예로부터 사람은 누구나 죽게 마련이지만 백성들의 신임이 없으면 나라는 존립할 수가 없다."

子貢問政. 子曰: "足食, 足兵, 民信之矣." 子貢曰: "必不得已而去, 於斯三者何先?"曰: "去兵." 子貢曰: "必不得已而去, 於斯二者何先?"曰: "去食. 自古皆有死, 民無信不立."논12-7

한 나라가 부강 융성하기 위해서는 최소한 충분한 식량과 충실한 군비, 조정에 대한 백성들의 전폭적인 신임과 지지가 있어야 한다. 그 가운데서도 국가의 존립을 좌우할 수 있는, 절대로 필수 불가결한 요소는 바로 백성의 신임과 지지다. 그 다음은 식량이고, 긴요함이 가장 덜한 것이 군비다. 다시 말해 만약 통치자가 민심을 잃어 백성들이 등을 돌린다면 설령 식량이 아무리 충분하고 군비가 아무리 충실하다고 하더라도 정권을 공고히 유지하기는 결코 쉽지 않다. 때문에 위정자는 반드시 백성을 인애하는 마음으로 인정 덕치를 펴나가야 한다.

3. 윤리사상

무릇 위정자, 특히 최고통치자의 위인爲人과 처사處事는 한 국가의 사회 분위기나 민정民情 전반을 좌우할 정도로 그 정치 사회적 영향이 막대하다. 공자가 구세에의 고민을 반영한 그 정치

사상에서 당시의 위정자들을 일차적 대상으로 삼아 인정 덕치를 주창 권면한 것도 바로 그 때문이다. 한데 위정자의 위상과 영향이 분명 상당하기는 하나 그들의 덕정 예치가 정치 사회적 안정과 번영의 필요충분조건이라고 하기에는 뭔가 부족함이 있다. 한 나라가 치세와 성세를 이룩하기 위해서는 위정자는 물론 국가 사회의 전체 구성원 모두가 자각적이고 내재적인 인덕仁德을 기르고, 인애의 마음을 가져야 한다. 『논어』에서 보듯이 공자가 윤리 도덕의 사회적 작용과 영향을 한껏 중시하고 있는 것은 바로 그 같은 취지의 발로다.

현실 사회에서 시시각각으로 일어나는 사람과 사람 사이의 온갖 윤리관계는 인심心의 경향과 정치의 상황을 결정짓는 중요한 요소다. 그러므로 공자는 하나의 완정한 사회적 윤리체계와 도덕규범을 수립 제시한 것이다. 이른바 '윤리'란 인륜 도덕의 기본 도리로, 군신·부자·부부·장유·붕우 등 각종 인간관계상의 도리와 준칙을 말한다. 공자의 윤리사상은 '인' 관념의 기초 위에 건립된 것으로 기본적으로 사람을 사랑하는 인애의 마음에서 출발한다. '인'은 공자 사상의 최고 도덕 표준으로, 세상 모든 사람들이 각기 본분에 충실하고 책임을 다하며 서로 친애하고 화목하게 어울려 지내기를 요구한다.

(1) 의義 · 충忠 · 효孝

공자의 윤리 도덕 체계는 다양한 개념으로 구성되어 있는데, 그중 최고 차원次元의, 핵심적 의미를 띤 것은 바로 '의'·'충'· '효' 세 가지다.

의義 이는 공자 윤리사상의 핵심 개념이요 덕목으로, '인'의 본질을 집중적으로 구현한다. 다시 말해 '의', 즉 도의는 곧 사람이 행하는 모든 행위의 정신적 준칙이자 고차원의 도덕적 풍모다.

> 공자께서 말씀하셨다. "군자는 처신·처사함에 '의'를 근본 원칙으로 삼고, '예'에 따라 그것을 실행하며, 겸손한 말로 그것을 표현하고, 성실한 태도로 그것을 이루나니 진실로 군자로다!"
>
> 子曰: "君子義以爲質, 禮以行之, 孫以出之, 信以成之. 君子哉!"논15-18

군자는 사람으로서 처신 처사함에 있어 최우선적으로 도의를 근본으로 한다. 그리고 예절과 겸손, 성실함으로 그 도의를 실행, 표현, 완성해나간다.

자로가 말했다. "군자는 용기를 숭상합니까?" 공자께서 말씀하셨다. "군자는 '의'(도의)를 가장 존귀하게 여긴다. 군자가 용기만 있

고 도의가 없으면 난을 일으키고, 소인이 용기만 있고 도의가 없으면 도둑질을 하게 된다."

子路曰: "君子尙勇乎?" 子曰: "君子義以爲上, 君子有勇而無義爲亂, 小人有勇而無義爲盜."논17-23

용기 또한 공자 윤리 체계의 중요한 덕목의 하나다. 그러나 그것은 반드시 도의가 뒷받침되어야만 비로소 긍정적 의의를 띠게 된다. 때문에 설령 군자라도 용기만 있고 도의를 모르면 욕망을 절제하지 못하고 난을 일으키기가 쉽다. 여기서 군자가 "처신·처사함에 '의'를 근본 원칙으로 삼는다"거나 "'의'를 가장 존귀하게 여긴다"는 것은 모두 '의'가 공자의 윤리사상체계에서 얼마나 중요한 위치를 차지하고 있는지 웅변으로 말해준다.

그렇다면 '의'의 구체적인 함의는 무엇인가? 공자는 일찍이 "'의'란 적의適宜함이다(義者, 宜也)"「『중용』」라고 하였다. 적의함은 알맞고 마땅함이다. 공자 윤리사상의 주요 개념으로서의 '의'는 곧 사람의 사상 행위가 일정한 윤리 도덕의 표준에 부합함을 이른다. 그리고 이는 다시 몇 가지 방면으로 나누어 이해할 수 있다.

첫째, 정치 생활 속에서 각기 직무상의 책임을 다하고 기꺼이 신명을 바쳐 나라에 충성을 다하는 것이 바로 '의'인바 이는 특

히 '대의大義'라 불리며, '의'의 다양한 행위 가운데 가장 고상한 것으로 평가된다.

공자께서 말씀하셨다. "능히 방패와 창을 잡고 국가를 보위한다면 요절한 것으로 간주하지 않을 수 있다." 염유는 창을 써서 제나라 군대와 대적하였으므로 그 군대 안으로 쳐들어갈 수가 있었다. 이에 공자께서 말씀하셨다. "그것이 바로 '의'다."

孔子曰: "能執干戈以衛社稷, 可無殤也." 冉有用矛於齊師, 故能入其軍. 孔子曰: "義也."[『좌전左傳』 애공哀公 11년]

여기서 말하는 '의'는 곧 국난에 직면해 용감히 신명을 바치는 행위와 정신을 이른다. 『논어』에서도 군자는 국가적 위난에 직면하면 서슴없이 목숨을 던져야 함을 누차 강조하였다.

증자가 말하였다. "부왕父王을 여읜 어린 임금을 부탁할 수 있고, 나라의 정사政事를 맡길 수 있으며 국가 안위와 존망의 관두關頭에 서서도 그 지절志節을 꺾을 수 없다면 그런 사람은 군자다운 사람인가? 당연히 군자다운 사람이로다."

曾子曰: "可以託六尺之孤, 可以寄百里之命, 臨大節而不可奪也. 君子人與? 君子人也."논8-6

여기서 말하는 '군자다운 사람(君子人也)'은 상술한 "처신・처사함에 '의'를 근본으로 삼는(義以爲質)" "진정한 군자(君子哉)"와 같은 의미로, 이른바 '의'라는 가장 고상하고 고귀한 도덕적 품성을 갖춘 사람을 가리킨다. 나라의 운명까지도 그에게 기탁할 수 있고, 또 생사존망의 고비에서도 그 뜻과 절조를 꺾을 수 없는 사람이라면 진정 충의지사忠義之士, 충성스럽고 절의가 곧은 선비가 아니고 무엇이겠는가?

둘째, 사회생활 속에서 '의'는 각종 문제를 처리하고 시비곡직을 가리는 준칙이다. 이를테면 어떤 일을 해야 할지, 하지 않아야 할지를 판단 결정할 때 바로 '의'를 근거로 하게 된다. 앞에서 이미 거론하였듯이 "군자는 천하만사에 있어 반드시 어떻게 해야 된다는 것도 없고 또 반드시 어떻게 하면 안 된다는 것도 없으며, 오직 '알맞고 마땅함'에 따를 뿐이다." 인생 만사에 어찌 고정 불변의 철칙이 있겠는가? 사람은 처신 처사에 있어 주관적인 고정관념에 사로잡혀 고집불통이어서는 아니 되며 오직 객관적 형세나 사리事理에 적의함을 좇아 융통성 있게 대처해야 한다.

때문에 군자는 '의'를 천하만사의 가可·불가不可를 가늠하는 최고의 표준으로 삼는다는 것이다.

자장이 여쭈었다. "선비는 어떻게 해야 통달했다고 할 수 있습니까?" …공자께서 말씀하셨다. "…무릇 통달한다는 것은 사람이 질박 독실하고 올곧아 매사에 '의'(도의)를 추구하기를 좋아하며 다른 사람의 말을 잘 헤아리고, 안색을 잘 살피며 늘 자신을 낮추어 다른 사람의 아래에 있기를 생각하는 것이다. 그러면 제후국에서도 반드시 통달할 것이요, 경대부가卿大夫家에서도 반드시 통달할 것이다."

子張問: "士何如斯可謂之達矣?" …子曰: "…夫達也者, 質直而好義, 察言而觀色, 慮以下人. 在邦必達, 在家必達." 논12-20

여기서 '통달함'이란 높은 도덕 수양으로 사람들의 신뢰를 얻어 그가 하는 행위가 막힘없이 두루 통하여 가는 곳마다 사람들로부터 환영과 존경을 받는 것을 이른다. 이처럼 통달하는 사람은 위인이 질박하고 올곧아 '의로운' 자세와 태도로 사람을 대하고 일에 임한다는 것이 공자의 생각이다. 공자는 또 "'의'를 보고

도 하지 않는 것은 용기가 없는 것(見義不爲, 無勇也)"논2-24이라고 하였으니, 곧 '견의용위見義勇爲' 즉 의로운 일을 보면 적극적으로 나서서 행할 것을 강조한 것이다.

셋째, 경제생활 속에서 '의'는 물질적 이익의 획득에 대한 정당성으로, 부당하고 이기적인 방법으로 사사로운 이익을 추구하는 것과는 상반된다. 위衛나라 대부 공숙문자公叔文子는 평소 "도의에 부합된 연후에야 비로소 재물과 이익을 취했기 때문에 사람들이 그가 재물과 이익을 취하는 것을 싫어하지 않았다(義然後取, 人不厭其取)"논14-14고 한다. 그렇다면 '의'와 '이利'는 어떤 관계에 있는가? 우선 공자가 말하는 '이'는 이따금 물질적 이익을 이르기도 하나 대부분은 개인의 사리私利, 즉 사사로운 이익을 가리킨다.

공자께서 말씀하셨다. "군자는 '의'에 밝고, 소인은 '이'에 밝다."

子曰: "君子喩於義, 小人喩於利."논4-16

여기서 '이'는 '의'와 대립되는 개념으로, 분명 사리를 뜻한다. 만약 국익이나 공익과 같은 것이라면 어떻게 '의'와 대립되고, '의'에 배치되겠는가? 아무튼 의리義利의 관계에서 공자는 '의'를

첫 자리에, '이'는 다음 자리에 놓음으로써 중의경리重義輕利, 즉 도의를 중시하고 사리를 경시하였다. 공자는 '의'를 숭상 창도하였지만 결코 '이'를 완전히 부정하지는 아니하였다. 다만 '견리사의(見利思義)'논14-12하고 '견득사의(見得思義)'논16-10, 즉 사사로운 이익이나 이득이 되는 일에 직면해서는 먼저 도의에 부합하는지 아닌지를 생각해야 함을 거듭 강조하였다. 결국 '의'와 '이'가 충돌하는 경우에는 취의사리取義捨利, 즉 '의'를 따르고 '이'를 버려야 한다는 것이다. '이'의 취사는 곧 그 도덕적인 평가에 근거해야 한다. 도의에 부합하는 이익을, 도의에 부합하는 방식으로 취하는 것은 공자도 결코 반대하지 않았다.

공자가 일찍이 이르기를 "부귀함은 모든 사람이 바라는 것이요(富與貴, 是人之所欲也)" "빈천함은 모든 사람이 싫어하는 것(貧與賤, 是人之所惡也)"논4-5이라고 하여 부귀를 바라고 빈천을 싫어하는 것이 인지상정人之常情임을 강조하였다. 아울러 "부富가 만약 추구해서 되는 것이라면 채찍을 든 미천한 벼슬아치 노릇이라도 나는 할 것이다(富而可求也, 雖執鞭之士, 吾亦爲之)"논7-12라고 하여 당신 자신도 부를 추구할 마음이 없는 것만은 아님을 인정하였다. 하지만 '이'는 반드시 '의'에 부합될 때 취할 수 있는 것임을 알아야 한다. 하여 공자는 "정당한 방법으로 부귀를 얻지 않

으면 군자는 그것을 누리지 않으며(不以其道得之, 不處也)" "정당한 방법으로 빈천을 벗어나지 못하면 군자는 그것을 벗어나지 않는다(不以其道得之, 不去也)"논4-5라고 하였다. 또한 공자가 "불의不義하게 부유하고 또 존귀함은 나에게 있어서는 뜬구름과 같은 것이다(不義而富且貴, 於我如浮雲)"논7-16라거나 "사람이 사사로운 이익을 좇아 행동하면 쉬이 남에게 원망을 사게 된다(放於利而行, 多怨)"논4-12라고 한 것도 모두 같은 맥락으로 이해된다. 한마디로 공자는 사람들이 '이'를 추구하고픈 욕망을 '의'로써 절제할 것을 역설하였다.

충忠　앞에서 '인'의 기본 함의를 설명하며 공자의 '충서忠恕' 개념을 부연한 바 있다. 그때의 '충'은 기본적으로 "다른 사람을 대함에 충성을 다하는(與人忠)"논13-19, 다시 말해 사회생활 속에서 다른 사람과 어울려 지내거나 다른 사람을 위해 일을 하는 등의 경우에 성심을 다하는 자세를 이른다. 그것은 분명 '충'의 대단히 중요한 한 측면이다. 그런데 이른바 '사군이충事君以忠, 충성으로 임금을 섬김'의 '충', 즉 충군忠君, 임금에게 충성을 다함 역시 '충'의 또 다른 주요 측면이며, 이는 특히 봉건사회의 발전과 함께 그 의의가 날로 강조되면서 점차 '충'의 중심 내용으로 확대되었다. 하여 여기서는 '충'의 충군 방면의 의의를 보충 설명하고자 한다.

사군事君, 즉 신민臣民이 임금을 섬기는 것은 정치 윤리상의 특수한 인간관계로, 사람과 사람 사이의 관계임과 동시에 개인과 단체 사이의 관계이다. 왜냐하면 임금은 국가의 대표이고, 임금을 섬기는 것은 곧 국가에 복무하는 것이기 때문이다. 공자 이후 고대에는 위국진충爲國盡忠. 나라를 위해 충성을 다함 · 위군진충爲君盡忠. 임금을 위해 충성을 다함이 사람으로서 마땅히 지키고 행해야 할 대절大節. 큰 절의節義 · 대의大義. 큰 도리로 특히 강조되었다. 하지만 공자가 설파한 충군 사상은 후대後代의 그것과는 다른 것이었다.

노魯 정공定公이 물었다. "임금이 신하를 부리고 신하가 임금을 섬기기를 어떻게 해야 합니까?" 공자께서 대답하셨다. "임금은 신하를 부림에 예의를 갖추고, 신하는 임금을 섬김에 충성을 다해야 합니다."

定公問: "君使臣, 臣事君, 如之何?" 孔子對曰: "君使臣以禮, 臣事君以忠." 논3-19

주지하는 바와 같이 후대의 '신사군이충臣事君以忠'은 신민의 일방적인 충군 의무로, 절대적이고 무조건적인 것이었다. 반면 공

자가 말하는 충군은 '군사신이례君使臣以禮'와 연계되어 있으며, 따라서 그것은 군신君臣 쌍방의 상호 유有전제·유有조건의 상대적 의무를 이른다. 오직 임금이 신하를 예우할 때에만 신하도 충심으로 임금을 섬길 수 있다는 것이다. 이것이 곧 공자가 제시한 군신관계의 준칙이다.

'충'은 하나의 도덕규범이요, 또한 '인'의 구현이다. 그러므로 '충'의 본질에 대한 이해는 그 근본 원칙인 '인'을 떠나서 생각할 수는 없다. 공자는 '인'이 규정한 위계질서의 범주 안에서 충군의 윤리를 논했는데,「안연편」에서 제나라 경공景公이 나라를 다스리는 이치를 묻자 공자가 대답하였다. "임금은 임금답고 신하는 신하다우며 부모는 부모답고 자식은 자식다워야 합니다(君君, 臣臣, 父父, 子子)"논12-11. 임금에게는 임금의 도道, 본분과 도리가 있고, 신하에게는 신하의 도가 있다. 임금과 신하는 비록 평등 관계가 아닌 상하 예속 관계로 맺어져 있기는 하나 그 예속은 일정한 조건이 있는 것으로, 각기 본연의 도를 지키는 것을 전제로 한다. 임금의 도는 백성들에게 자애롭고 은혜로우며 신하를 부림에 예를 갖추고 정사政事를 신중하고 정성스럽게 처리하며 신실함을 다하는 것이다. 또 신하의 도는 임금을 섬김에 바른 도를 지키며 충성을 다하는 것이다. 임금과 신하는 각기 그 지위

에 안거安居하며 직무를 다하면서 함께 나라와 백성을 위해 진력하여야 한다. 때문에 임금이 임금의 도를 지키지 않는다면 신하의 충성을 요구할 수가 없다는 게 공자의 생각이다. 왜냐하면 '군사신이례'가 '신사군이충'의 전제이기 때문이다. 임금이 임금의 도를 지키는 상황하에서 '신사군이충'은 사실상 '인자애인仁者愛人'의 간접 구현이요, 궁극적으로 충군을 통해 만백성에 대한 충성을 실행하는 것이다.

만약 임금이 임금의 도를 지키지 않는다면 어떻게 해야 할까? 한번은 노나라의 실권자 계씨가 부용국을 정벌하려고 하였다. 당시 염유冉有가 그 가신으로 있었지만 계씨를 저지하지 못했다. 그러자 공자가 고대 사관史官의 말을 인용해 염유에게 말하였다.

신하된 자는 자신의 힘을 다 바쳐 나라를 위해 봉사할 수 있으면 그 자리에 있고, 자신의 힘을 바칠 수 없는 지경에 이르면 그 자리에서 물러나야 한다.

陳力就列, 不能者止.논16-1

공자의 뜻은 임금이나 권력자가 무도無道해 신하된 이가 자신의 힘으로 어떻게 할 수 없는 경우임에도 불구하고 충성을 다하

는 것은 우충愚忠, 어리석고 맹목적인 충성심일 따름이며, 그때는 차라리 자신의 직책에서 물러나는 것이 현명하다는 것이다. 공자는 또 자로와 염유를 '대신大臣'이라고 할 수 있는지를 묻는 계씨 일가一家의 계자연季子然에게 대답하며 이렇게 말하였다.

이른바 '대신'이란 바른 도道로써 임금을 섬기며, 그러다가 만약 그렇게 할 수 없으면 그만두고 물러납니다.

所謂大臣者, 以道事君, 不可則止.논11-24

한 나라의 중추인 '대신'은 마땅히 정도로써 군주를 보필해야 하며, 그러다가 만약 정도를 널리 펼칠 수 없는 상황에 직면하면 군주 보필을 그만두고 자리에서 물러나야 한다는 것이다. 공자는 실제로 이 말처럼, 대사구로 집정하던 말년末年 노나라 조정의 암담한 현실에 크게 실망하며 이상 실현의 난망함을 직감하고 곧바로 벼슬을 버리고 주유열국 길에 올랐다.

흔히 "사군진례(事君盡禮)"논3-18라 했듯이 임금을 섬김에는 진정 신하의 예와 도리를 다해야 한다. 하지만 공자는 임금이 시키면 시키는 대로 다 하는 맹목적인 순종, 우충은 강하게 반대하였다. 앞에서 '중용'사상을 설명하며 언급한 바와 같이 공자는

본디 그 처세 태도에 있어 시비 분별도 없이 세속에 영합하는 무골호인을 도덕을 파괴하는 해충이라고 비판하였다. 그 같은 관점을, 신하가 바른 도로써 임금을 섬기는 문제에 적용해 보면 공자가 시비도, 원칙도 없이 임금의 명령이면 무조건 따르는 어리석은 충심을 두둔할 리가 만무하다.

개자연과의 문답에서 공자는 자로와 염유를 '대신'이라고 할 수는 없고 단지 '구신具臣', 즉 자리나 채우고 머릿수나 채우는 신하일 따름이라고 평가하였다. 그러자 개자연이 물었다. "그렇다면 그들은 모든 것을 윗사람이 시키는 대로 따르는 사람입니까?(然則從之者與)" 공자가 대답하였다. "아비를 죽이고, 임금을 죽이는 일은 그들도 따르지 않을 것이오(弑父與君, 亦不從也)"논11-24. 신하 된 자는 적어도 임금의 불량하고 무도한 행위에 대해서는 절대로 좌시해서는 아니 된다는 게 공자의 생각이다. 때문에 공자는 어떻게 임금을 섬겨야 하는지를 묻는 자로에게 "속이지 말며 간언諫言을 서슴지 않아야 함(勿欺也, 而犯之)"논14-22을 강조하였다. 임금에게 과실이 있으면, 겉으로는 따르는 척하며 속으로는 거스르는 기만적인 태도를 취해서는 아니 되며 오로지 충심을 다해 바른 말로 고간苦諫, 임금이 싫어하는 것을 무릅쓰고 간절히 간함해 고치도록 하여야 한다. 말 한 마디로 나라를 잃을 수도 있느냐는

노나라 정공의 물음에 공자가 "만약 임금이 한 말이 선하지 않은데도 임금을 거스르는 사람이 없다면 그것은 곧 말 한 마디 때문에 나라를 잃는 지경에 거의 이른 게 아니겠습니까?(如不善而莫之違也, 不幾乎一言而喪邦乎)"논13–15라고 한 것도 같은 맥락으로 이해된다.

공자의 '충군'사상은 또 대단히 진보적인 관념을 내재하고 있는데, 그 내용은 다음과 같다. 첫째, 공자의 사상에는 후세의 유가가 강조한 왕권은 신성불가침한 것이라는 관념이 없었다. 상商/은殷 탕왕湯王과 주周 무왕武王은 모두 신하의 신분으로 군사를 일으켜 각각 폭군 하夏 걸왕桀王과 은 주왕紂王의 정권을 전복시켰다. 하지만 공자는 그같이 군주를 시해하는 행위를 비난하지 않았을 뿐만 아니라 오히려 탕왕이 이윤伊尹을 등용한 것을 높게 평가하는가 하면 무왕이 지덕至德을 갖추었다고 하는 등 그들을 한껏 칭송하기까지 하였다. 이렇듯 공자의 의식과 사상에는 왕권 신성불가침 관념이 전제된 후세의 충군사상은 존재하지 않았으며 오히려 '임금이 임금답지 못한' 잔혹하고 포악한 군주를 타도하고 전복하는 것을 찬성하고 지지하였다.

둘째, 공자의 사상에는 또 후세에 극력 주창된 '충신불사이군忠臣不事二君', 즉 충신은 두 임금을 섬기지 않는다는 관념도 없었

다. 관포지교管鮑之交로 널리 알려진 춘추시대 제齊나라 관중管仲은 본디 공자公子 규糾의 스승이었다. 한데 공자 규는 정쟁의 와중에 제나라 환공桓公에게 피살되고 말았다. 그러자 관중과 함께 공자 규를 돕던 소홀召忽은 스스로 목숨을 끊고 절개를 지켰으나 관중은 오히려 살아남아 환공을 헌신적으로 도와 패업을 이루게 하였다. 하지만 공자는 '이신貳臣', 즉 두 왕조에 벼슬한 신하인 관중을 결코 지탄하지 않았다. 그뿐만이 아니다.

자로가 말했다. "제나라 환공이 공자 규를 죽이자 소홀은 자결하였으나 관중은 죽지 않았습니다." 이어서 말했다. "그렇다면 관중은 분명 인仁하지 못한 것이지요?" 공자께서 말씀하셨다. "환공이 여러 차례 제후들을 모아 회맹會盟하면서도 무력을 쓰지 않았으니 그 모두가 관중의 역량이다. 이것이 곧 그의 인덕仁德이로다. 이것이 곧 그의 인덕이로다."

子路曰: "桓公殺公子糾, 召忽死之, 管仲不死." 曰: "未仁乎?" 子曰: "桓公九合諸侯, 不以兵車, 管仲之力也. 如其仁, 如其仁." 논14-17

공자는 우선 환공이 무력이 아닌 인의仁義의 방법으로 제후들을 규합하고 따르도록 한 것은 모두가 관중의 보좌 때문이라고

전제하였다. 그리고 그 같은 관중이야말로 진정 인덕을 갖춘 인물이라며 최고의 찬사를 아끼지 않았다. 자신이 받드는 이를 위해 절개를 지키는 것은 분명 중요하고 또 한껏 높이 살 일이다. 하지만 관중과 같이 새로운 임금을 도와 전쟁을 없애고 수많은 사람이 목숨을 잃는 사태를 미연에 방지한 공로 또한 결코 그에 못지않음은 물론 오히려 그보다 나을 수 있다는 것이 공자의 생각이다. 그야말로 세상만사를 반드시 어떻게 해야 된다거나 아니면 반드시 어떻게 하면 안 된다거나 하는 고지식한 사고에 얽매여 있지 아니하고 "오직 알맞고 마땅함에 따르는(義之與比)"논4-10 군자의 풍모란 바로 이런 것이리라.

효孝 '효'는 '인'의 기본 함의로, 앞에서 이미 그 중심 내용을 설명하였다. 이제 여기서 다시 약간의 내용을 보충하고자 한다.

공자는 윤리 도덕의 핵심 규범인 '효'를 무엇보다 중요시하였다. 그리고 자식 된 이들에게 부모에 대한 효도를 엄격히 요구하였는데, 그 내용은 대략 다음과 같다. 첫째, 봉양함이다. 즉 물질생활에 부족하거나 불편함이 없도록 부모를 성심과 정성을 다해 극진히 받들어 모시는 것을 말한다. 이를테면 "일이 있으면 젊은이가 그 노고를 맡아서 하고 술과 음식이 있으면 어른이 먼저 맛보게 하면서(有事, 弟子服其勞, 有酒食, 先生饌)"논2-8 "부모를

모심에 온 심력心力을 다 할 수 있어야 한다(事父母, 能竭其力)"논1-7. 심지어 "부모가 살아 계시거든 멀리 출타하지 않으며, 부득이 멀리 가야 할 때에는 반드시 행선지를 알려드려야 한다(父母在, 不遠遊, 遊必有方)"논4-19. 왜냐하면 자식 된 자가 멀리 출타하면 부모 봉양에 소홀함은 물론 부모로 하여금 자식에 대한 그리움과 걱정으로 애를 태우게 하기 때문이다. 만부득이 멀리 갈 수밖에 없다면 그 행선지를 분명히 하여 부모가 필요한 경우 부를 수 있도록 해야 한다.

둘째, 공경함이다. 사실 물질적인 봉양은 그야말로 일차적이고 기본적인 '효'에 불과하다. 보다 고도高度한 고차원의 '효'는 부모를 진심으로 공경하는 것이다. 이 같은 정신적인 봉양이 물질적 봉양에 비해 훨씬 더 근원적이고 심층적인 의의가 있음은 두말할 나위가 없다. 앞에서 이미 인용하였듯이 공자는 「위정편」에서 '효'에 대해 묻는 자유子游에게 대답하며 '사람은 개나 말도 기르나니 부모를 단순히 부양만 하고 공경하지 않는다면 그와 별반 다를 게 없음'을 강조하였다. 자하子夏가 효에 대해 물었을 때는 공자는 또 '색난色難', 즉 부모를 봉양함에 있어 무엇보다 자식이 그 얼굴빛을 온화하게 하는 것이 어렵다는 점을 상기시켰다. 참된 '효'란 부모를 진심으로 공경하며 늘 밝고 환하고 온화

한 얼굴빛으로 받들어 모심으로써 부모의 마음을 항상 기쁘고 편안하게 해드려야 한다는 것이다. 그뿐만이 아니다.

> 공자께서 말씀하셨다. "부모를 섬김에 있어 허물을 완곡하게 간諫해야 하나니, 간하는 뜻을 표하였으나 부모가 따르지 않더라도 여전히 공경하고 거역하지 아니하며 근심할지언정 원망하지 않아야 한다."
>
> 子曰: "事父母幾諫, 見志不從, 又敬不違, 勞而不怨." 논4-18

'효'는 가정 윤리의 근간이다. 하지만 부모의 뜻에 무조건 따르는 것은 진정한 효도일 수 없다. 부모에게 허물이 있다면 성심으로 간해 부모를 불의에 빠지지 않게 해야 한다. 공자는 여기서 자식이 부모의 허물을 간하는 바람직한 자세를 설명하였다. 부모가 과오를 범하면 얼굴빛을 온화하게 해 부드럽게 간해야 한다. 또한 간언이 받아들여지지 않더라도 더욱 공경하고 효도하며, 원망하기보다는 안타깝고 걱정스러운 마음으로 기다려야 한다. 부모의 허물을 간하는 이 같은 태도는 자식의 깊은 애정과 공경심이 없어서는 절대로 불가능한 것이다.

셋째, 무위無違함, 즉 예禮를 어기지 않음이다. 노나라 권신權臣 맹의자孟懿子가 효를 어떻게 해야 하는지를 묻자 공자는 '예를 어기지 않는 것'임을 분명히 하였다. 그것은 "부모님이 살아 계실 때에는 예로써 섬기며, 돌아가시면 예로써 장사지내고 또 예로써 제사 드리는 것(生, 事之以禮; 死, 葬之以禮, 祭之以禮)"논2-5을 말한다. 참된 효도란 정해진 예법을 어기지 않아야 한다는 것이 핵심이다. '예'에 미치지 못하는 것이 불효임은 말할 것도 없거니와 과도하거나 과분한 '예'도 부모를 분수도 모르는 지경에 빠뜨리는 것이니, 그 또한 불효임을 알아야 한다.

이상은 공자가 『논어』에서 제시한 '효'의 지침이다. 한데 좁은 의미의 '효'가 부모에 대한 자식의 정감과 예절이라면 넓은 의미의 '효'는 효도孝道로, 곧 '효'를 근본으로 하는 가정 윤리 전반을 통칭한다. 부자父慈·자효子孝·형우兄友·제공弟恭, 즉 부모는 자애롭고 자식은 효성스러우며 형은 우애롭고 동생은 공손해야 함은 공자가 강조한 가정 윤리 도덕의 기본 내용이다. 또 부모에 대한 자식의 '효'는 가정 윤리의 근본이요, 핵심이다. 고대 사회에서 윤리 도덕상 크게 중시된 '군신지도君臣之道, 임금과 신하 사이의 도리'·'군례신충君禮臣忠, 임금은 신하를 예우하고, 신하는 임금에게 충성함'도 결국은 '부자지도父子之道'·'부자자효父慈子孝'의 확대라고 할 수 있

다. 하지만 공자의 윤리사상에서 군신관계와 부자관계는 분명한 차이가 있다. 군신관계에서 '군례신충'이 상호적이고 상대적인 관계인 것과는 달리 부자관계에서 자식은 부모에 대해 일방적 복종 관계에 있다. 때문에 자식은 부모에게 설령 과오가 있다고 하더라도 함부로 거스를 수가 없다. 상술한 바와 같이 자식은 완곡히 간해야 할뿐더러 부모가 듣지 않더라도 여전히 공경할 뿐 거역해서는 아니 된다. 그뿐이 아니다.

섭공葉公. 춘추시대 초나라 대부이 공자에게 말했다. "우리 마을에 아주 정직한 사람이 있는데, 그의 아버지가 남의 양을 훔치자 아들인 그가 직접 관가에 아버지를 고발하였습니다." 공자께서 말씀하셨다. "우리 마을의 정직한 사람은 그와 다릅니다. (그 같은 경우라도) 부모는 자식을 위해 숨기고, 자식은 부모를 위해 숨깁니다. 정직함이란 바로 그 가운데에 있는 것이지요."

葉公語孔子曰: "吾黨有直躬者, 其父攘羊, 而子證之." 孔子曰: "吾黨之直者異於是: 父爲子隱, 子爲父隱. 直在其中矣."논13-18

공자의 생각은, 부모와 자식 사이에는 상대방이 행한 나쁜 일까지도 서로 숨겨 주고 감싸 주어야 한다는 것이다. 임금에게

과오가 있으면 신하는 응당 숨김없이 바른 말로 간해 고치도록 해야 한다는 것과는 너무나 다른 지침이다. 이렇듯 '효'와 '충'은 분명한 차이가 있다.

지금까지 살펴본 '의'·'충'·'효'는 공자 윤리체계상의 핵심적 도덕규범으로, 모두가 '인'의 근본정신을 구현함에 그 뜻이 있다. "군자는 밥 한 끼를 먹는 사이에도 '인'을 떠나지 않거니 급박한 가운데서도 반드시 '인'을 따르고, 곤궁한 가운데서도 반드시 '인'을 따른다(君子無終食之間違仁, 造次必於是, 顚沛必於是)"논4-5라고 하였다. 지나친 이상론이기는 하나 사람은 어떠한 경우에도 인덕을 어기지 않아야 하며, '의'·'충'·'효'의 덕목을 잃지 않아야 한다.

(2) 지智·용勇·공恭·관寬·신信·민敏·혜惠
공자 윤리사상에서 제시 강조된 도덕규범에는 상술한 최고 차원의 '의'·'충'·'효' 외에도 많은 덕목들이 있다. 그 가운데 주요한 몇 가지를 살펴보기로 한다.

먼저 '지'와 '용'이다. 공자는 『논어』에서 이 두 가지를 '인'과 함께 거론하며 그 의의를 부각시켜 강조한 바 있다.

공자께서 말씀하셨다. "군자가 행해야 할 도덕에는 세 가지가 있거늘 나는 그 가운데 한 가지도 제대로 하는 것이 없다. 어진 사람은 근심하지 아니하고, 지혜로운 사람은 미혹되지 아니하며, 용감한 사람은 두려워하지 않는다."

子曰: "君子道者三, 我無能焉: 仁者不憂, 知者不惑. 勇者不懼." 논
14-29

여기서 공자는 '지'와 '용'을 '인'과 함께 군자가 반드시 갖추고 행해야 할 도덕의 범주에 포함시키고 있다. 이 세 가지 도덕 가운데 '인'이 곧 근본이요 핵심임에는 두말할 나위가 없다. 공자는 또 『중용』에서 '지'・'인'・'용' 세 가지를 천하의 '달덕達德', 즉 언제 어디서나 널리 행해져야 할 미덕으로 강조하기도 하였다. 이처럼 왕왕 '지'와 '용'을 '인'과 병렬 병거竝擧하는 것으로 미루어 공자가 양자兩者를 대단히 중시하였음을 알 수 있다.

지智 이는 『논어』에서는 '지知'로 표기되어 있으며, 지혜로움・슬기로움을 뜻한다. 공자가 권면하였듯이 사람은 인덕仁德을 실천하기 위해 진력해야 한다. 그러자면 일상생활 속에서 인생 만사의 이치를 충분히 이해하고, 시비선악을 제대로 분별할 수 있어야 한다. 때문에 '지'는 곧 '인'을 실천하기 위해 필수불가

결한 자질이요, 미덕이라고 할 수 있다.

자로가 어떠해야 전인全人인지를 여쭙자 공자께서 말씀하셨다. "장무중臧武仲의 지혜와 맹공작孟公綽의 청렴과 변장자卞莊子의 용기와 염구冉求의 재예才藝를 아울러 예악으로 훈도薫陶한다면 또한 전인이라 할 수 있을 것이다."

子路問成人. 子曰: "若臧武仲之知, 公綽之不欲, 卞莊子之勇, 冉求之藝, 文之以禮樂, 亦可以爲成人矣." 논14-12

이른바 '전인'이란 지혜와 청렴, 용기, 재예를 아울러 예악으로 훈도사람의 품성이나 덕성을 덕으로 가르치고 길러 선으로 나아가게 함한 인격체라는 게 공자의 설명이다. 이처럼 공자는 '지'를 무無결함의 완미完美한 인격을 형성하기 위한 조건의 하나로 제시한 것이다.

아무튼 '지혜로운 사람은 미혹되지 않는다'고 하였는데, 그것은 물론 사리에 밝기 때문이다. 이제 그 구체적인 함의를 살펴보자.

번지가 어떻게 하는 것이 지혜로운 것인지 여쭙자 공자께서 말씀하셨다. "사람의 마땅한 도리를 행함에 힘쓰고, 귀신을 공경하면서도 멀리하면 지혜롭다고 할 수 있다."

樊遲問'知'. 子曰: "務民之義, 敬鬼神而遠之, 可謂'知'矣." 논6-20

여기서 '지'(지혜로움)는 천지天地 귀신의 이치를 십분 이해하고, 귀신을 미신迷信하기보다는 인사人事에 진력하는 탁월한 식견을 가진 것이다. 이는 필시 '어리석은' 사람들이 귀신을 미신하며 강복을 비는 데 주력하면서도 사람의 본분과 도리를 다하는 데에는 소홀함을 경계한 것이다.

번지가 …어떻게 하는 것이 지혜로운 것인지 여쭙자 공자께서 말씀하셨다. "사람을 잘 알아보는 것이다." 번지가 그 뜻을 이해하지 못하자 공자께서 말씀하셨다. "올곧은 사람을 등용해 올곧지 못한 사람 위에 두면 올곧지 못한 사람을 올곧게 변화시킬 수 있다."

樊遲 …問'知'. 子曰: "知人." 樊遲未達. 子曰: "擧直錯諸枉, 能使枉者直." 논12-22

여기서 '지'는 사람의 됨됨이, 즉 인품이나 재능 따위를 식별할 줄 아는 것을 말한다. '올곧은 사람을 등용해 올곧지 못한 사람 위에 둠'은 '지'의 운용이요, '올곧지 못한 사람을 올곧게 변화시킬 수 있음'은 '지'의 효과다.

> 공자께서 말씀하셨다. "더불어 말을 해야 하는데도 말을 하지 않으면 사람을 잃는 것이요, 더불어 말을 하지 않아야 하는데도 말을 한다면 말을 헛되게 하는 것이다. 지혜로운 사람은 사람을 잃지도 않고, 말을 헛되게 하지도 않는다."

> 子曰: "可與言而不與之言, 失人; 不可與言而與之言, 失言. '知'者不失人, 亦不失言." 논15-8

여기서 '지'는 사람을 알아보는 혜안이 있어 더불어 사귈 만한 사람인지 아닌지를 제대로 분별 판단해 좋은 사람을 놓치거나 부질없이 말만 낭비하는 일이 없도록 할 수 있음을 말한다.

용勇　앞에서 공자가 제시한 '전인'의 필수 요건의 하나이기도 한 '용'은 도덕 실천의 동력으로서의 용기를 이른다. 진실로 인애의 마음을 가진 사람이라면 의로운 일을 보면 용감히 나서서

122

실행에 옮길 것인바 이른바 '견의용위見義勇爲'란 바로 그런 것이다. '용'은 '인仁'에서 파생된 미덕의 일종이면서 '인'의 통솔하에 놓여 있다. 그러므로 '인'이나 '예禮'·'의義'를 떠나서는 '용'을 논할 수도 없고, 또 '용'이 진정한 의미나 가치를 가질 수도 없다. 앞에서 '의'를 설명하며 이미 인용하였듯이 공자가 "'의'(도의)를 보고도 하지 않는 것은 용기가 없는 것이다." "군자가 용기만 있고 도의가 없으면 난을 일으키고, 소인이 용기만 있고 도의가 없으면 도둑질을 하게 된다"라고 한 것은 바로 그 같은 취지를 반영하고 있다. 그 밖에 『논어』에 보이는 관련 논술은 대략 다음과 같다.

용감하기만 하고 '예'로써 절제할 줄을 모르면 사회를 어지럽히게 된다.

勇而無禮則亂. 논8-2

'인'한 사람은 반드시 용기가 있지만 용감한 사람은 반드시 '인'함이 있지는 않다."

仁者必有勇, 勇者不必有仁. 논14-4

자공이 말했다. "군자도 미워하는 사람이 있습니까?" 공자께서 말씀하셨다. "미워하는 사람이 있지. …용감하지만 예의가 없는 사람을 미워한다."

子貢曰: "君子亦有惡乎?" 子曰: "有惡: …惡勇而無禮者." 논17-24

여기서 우리는 '용'이 '인'과 근본적으로 그리고 밀접히 연계되어 있음을 알 수 있다. 분명 하나의 미덕이기는 하나 '용'은 오직 '인'의 근본정신과 결합되었을 때에만 비로소 긍정적인 의미를 갖게 된다. 그러므로 '견의용위'야말로 진정 참된 용기인 것이다.

다음으로 '공'·'관'·'신'·'민'·'혜'다. 이는 공자가 '인'을 체현體現하는 다섯 가지 미덕이라고 강조한 것이다. 이 다섯 가지는 처신 처사의 준칙으로, 사람의 외재적 행위의 도덕규범이자 실천 도덕이라고 할 수 있다. 「양화편陽貨篇」에서 자장子張이 어떻게 해야 '인'을 행할 수 있는지를 묻자 공자는 천하 곳곳에서 능히 다섯 가지를 행할 수 있으면 그것이 바로 '인'을 행하는 것이라고 하였다. 자장이 그 다섯 가지가 무엇인지 물었고, 공자는 다음과 같이 대답하였다.

그것은 '공'·'관'·'신'·'민'·'혜', 즉 공손함·관후寬厚함·성신誠信함·근민勤敏함·자혜慈惠로움 등 다섯 가지이다. 사람이 공손하면 모욕을 당하지 않고, 관후하면 뭇사람의 지지를 받으며, 성신하면 사람들의 신임을 받고, 근민(부지런하고 재빠름)하면 공로를 세우며, 자혜(인자하고 은혜)로우면 사람들을 부릴 수 있게 된다.

恭·寬·信·敏·惠. 恭則不侮, 寬則得衆, 信則人任焉, 敏則有功, 惠則足以使人. 논17–6

이 다섯 가지 미덕은 모두 '인'에서 발단하고 있으며, '인'의 내재적 요구를 실행하는 것이다.

공恭 이는 각종 교유交遊 생활 속에서 사람을 대하는 용모나 태도가 겸허하고 공손함을 이른다. 공자는 일찍이 군자라면 '구사九思', 즉 일상생활 중에 응당 깊이 생각하고 유의해야 할 아홉 가지 행동 지침이 있어야 함을 일깨웠으며, "사람을 대하는 용모는 겸허하고 공손하기를 생각하여야 함(貌思恭)"논16–10을 그 가운데 하나로 적시해 강조하였다. 그뿐만 아니라 공자는 스스로 그같이 행하며 솔선수범하였다. 『논어』의 관련 기록을 보면 「술이편」에서 이르기를 "공자께서는 온화하면서도 엄숙하시고 위엄威嚴하지만 사납지 않으시며 공손하면서도 편안하셨다(子溫而

厲, 威而不猛, 恭而安)"논7-38라고 하였다. 또「학이편」에 보면 자금子禽이 공자가 한 나라에 가면 반드시 그 나라 정사에 대해 듣게 되는 까닭을 묻자 자공이 말했다. "선생님께서는 온화함과 선량함・공손함・검박儉朴함・겸양함으로 그 나라의 정사를 듣게 되신다네(夫子溫・良・恭・儉・讓以得之)"논1-10.

물론 이 같은 공손함도 절대로 허위적인 것이어서는 아니 된다.

공자께서 말씀하셨다. "듣기 좋게 말을 꾸며서 하고 보기 좋게 얼굴빛을 꾸며서 지으며 남에게 한껏 공손하게 하는 것을 좌구명左丘明이 수치스러워했는데, 나도 그것을 수치스럽게 여긴다."

子曰: "巧言令色足恭, 左丘明恥之, 丘亦恥之."논5-25

이처럼 공자는 달콤한 말과 알랑거리는 얼굴빛을 하며 비굴할 정도로 남에게 공손한, 가식적이고 허위적인 행동은 결코 바람직하지 않음을 강조하였다. 사람은 누구나 다른 사람을 대함에 공손하고 공경하는 태도를 취하는 것이 마땅하고 옳은 일이다. 하지만 무조건 공손하기만 하다고 좋은 것은 아니며, 공손함도 '예'에 부합될 때 비로소 그 본연의 효용 가치를 낳게 됨을 알아야 한다. 때문에 "공손하기만 하고 '예'로써 절제할 줄을 모

르면 헛되이 수고로울 뿐이다(恭而無禮則勞)"논8-2. 「안연편」에 보면 사마우司馬牛가 다른 사람들은 다 좋은 형제들이 있는데 자신만 그렇지 못한 것을 근심하자 자하子夏가 말했다. "군자는 단지 언행을 삼가 과실을 범하지 아니하며 다른 사람에게 공손하면서도 예의를 지키면 온 세상 사람들이 다 친형제나 다름이 없거늘 군자가 어찌 형제 없음을 근심하겠는가?(君子敬而無失, 與人恭而有禮, 四海之內, 皆兄弟也. 君子何患乎無兄弟也)"논12-5 일찍이 유자有子도 대인 관계의 몇 가지 기본 원칙을 논하며 이르기를 "다른 사람을 공경함이 예의에 맞으면 치욕을 당하지 않는다(恭近於禮, 遠恥辱也)"논1-13라고 하였다. 사람이 남에게 공손하거나 남을 공경함은 반드시 '예'에 부합하여야 함을 강조한 것이다.

관寬 이는 곧 관용寬容 정신으로, 공자의 '충서忠恕'의 도道를 집중 구현한다. '인자는 사람을 사랑하는바(仁者愛人)'[『맹자』「이루 하편」] 무릇 사람은 "뭇사람을 두루 사랑하여야 한다(汎愛衆)"논1-6. 관용은 바로 그 과정에 필수불가결한 기본 품성이요, 덕성이다. 『논어』에 보이는 관련 언급은 대략 다음과 같다.

공자께서 그 말을 들으시고 말씀하셨다. "이미 행行한 일이라 다시 왈가왈부하지 않고, 이미 끝난 일이라 다시 바로잡지 않으며,

이미 지난 일이라 다시 추궁하지 않는다."

子聞之曰: "成事不說, 遂事不諫, 旣往不咎." 논3-21

공자께서 말씀하셨다. "백이와 숙제는 상대방이 잘못을 뉘우치면 지난날의 원한을 마음에 두지 않았으며, 바로 그 때문에 남에게 원망을 사는 일이 적었다."

子曰: "伯夷叔齊不念舊惡, 怨是用希." 논5-23

공자께서 말씀하셨다. "그 덕행의 진보는 격려하고 퇴보는 허여許與하지 않아야 할 것인바 어찌 배우겠다고 찾아온 사람을 박절히 대하겠는가? 사람이 스스로 몸과 마음을 갈고닦아 향상 진보하고자 한다면 마땅히 그 수신修身 진보의 태도를 허여하며 지난날의 허물은 개의하지 않아야 할 것이다."

子曰: "與其進也, 不與其退也, 唯何甚? 人潔己以進, 與其潔也, 不保其往也." 논7-29

공자께서 말씀하셨다. "···오직 자신의 과오만 비판하고 다른 사람의 과오는 비판하지 않는다면 어찌 내심의 사악한 생각을 일소한

게 아니겠느냐?"

子曰: "…攻其惡, 無攻人之惡, 非修慝與?"논12-21

자장이 말했다. "…군자는 현인賢人을 존중하지만 범인凡人도 포용하며, 재능이 뛰어난 사람을 북돋우지만 재능이 없는 사람도 가련히 여긴다."

子張曰: "…君子尊賢而容衆, 嘉善而矜不能."논19-3

이상은 모두 관용정신의 표현이다. 관용은 분명 미덕으로, '애인', 즉 사람을 사랑하는 표현의 하나이자 사람을 사랑할 때에 반드시 갖춰야 하는 조건의 하나다. 때문에 관용의 미덕을 실천하여야만 비로소 '인仁'의 이상을 이룩할 수가 있다.

신信 이는 곧 성신誠信함, 신실함, 성실함을 말한다. '신'은 '인'의 내재적 요구로 사람이 갖추어야 할 기본 품성인바 특히 언행일치의 덕목을 강조한다. '신'의 윤리적 의의는 바로 여기에 있다. 공자는 이 같은 윤리 도덕으로서의 '신'을 대단히 중시하여 상술한 바와 같이 '공'·'관' 등과 함께 도덕 수양을 통해 함양할 수 있는 완미한 인격의 주요 내용의 하나로 간주하였다. 그 까

닭은 곧 '성신하면 사람들의 신임을 받을 수 있기(信則人任焉)' 때문이다. 『예기禮記』「예기편禮器篇」에 이르기를 "선왕이 제정한 '예'에는 근본이 있는가 하면 문식文飾. 꾸밈·형식이 있다. '충'과 '신'은 '예'의 근본이요, '의'와 '리'는 '예'의 문식인바 근본이 없으면 '예'가 확립될 수 없고, 문식이 없으면 '예'가 시행될 수 없다(先王之立禮也, 有本有文. 忠信, 禮之本也; 義理, 禮之文也. 無本不立, 無文不行)"라고 하였다. 결국 공자는 '신'을 '예'의 근본 요소 가운데 하나로 여긴 것이다. 같은 맥락에서 공자는 또 다음과 같이 말하였다.

> 공자께서 말씀하셨다. "사람으로서 오히려 성신함이 없다면 그가 어떻게 입신 처세할 수 있을지 모르겠다. 큰 수레의 끌채 끝에 멍에걸이가 없고, 작은 수레의 끌채 끝에 멍에걸이가 없다면 그 수레를 어떻게 나아가게 할 수 있겠는가?"
>
> 子曰: "人而無信, 不知其可也. 大車無輗, 小車無軏, 其何以行之哉?"논2–22

'신'은 바로 사람이 사람 노릇하는 근본이요, 입신처세의 원칙으로, 마치 수레의 멍에걸이가 그 운행의 가능 여부를 결정짓는 것과 같다는 것이 공자의 생각이다. 다시 말해 '신'은 다양한 인

간관계 속에서 살아가는 우리 인간이 갖추어야 할 최소한의 덕목이며, 그 때문에 '신'이 없으면 한 걸음도 제대로 내디딜 수가 없다는 것이다.

하지만 공자가 말하는 '신'은 결코 맹목적으로 묵수墨守해야 하는 것이 아니다. 그것은 오로지 '인'·'의義'를 준칙으로 할 따름이다. '신'은 일반적인 행위 규범으로서 반드시 '인'·'의'의 기본 정신에 입각 준거準據하여야 하며, '인'·'의'에 부합함을 원칙으로 한다. 앞에서 이미 '의'를 설명하며 인용한 "군자는 처신 처사함에 '의'를 근본 원칙으로 삼고, '예'에 따라 그것을 실행하며, 겸손한 말로 그것을 표현하고, 성실한 태도로 그것을 이룬다(君子義以爲質, 禮以行之, 孫以出之, 信以成之)"논15-18라고 한 공자의 말에서 보면 '신'의 속성 본질은 성실한 태도로 '의'를 이루는, 즉 인도仁道를 완성하는 '의거義擧'에 그 의의가 있음을 알 수 있다. 그러므로 구체적으로 도덕을 실천하는 가운데 어떤 일을 하며 신의를 지켜야 할지 말지는 곧 '의'에 의거해 판단 결정해야 한다. '신실함'은 의리와 도의에 부합될 때 비로소 그 이행의 당위성을 갖는다. 일찍이 공자가 말하였다.

말은 반드시 신실을 지키려 하고, 행동은 반드시 결과를 내려 한

다면 그것은 소절小節에 얽매여 무조건 자신의 언행을 관철시키는 소인이로다!

言必信, 行必果, 硜硜然小人哉! 논13-20

신실함만 좋아하고 배우기를 좋아하지 않으면 그 폐단은 사리나 의리를 해치는 것이다.

好信不好學, 其蔽也賊." 논17-8

외곬으로 신실함만을 고집하면 결국 소인배에 지나지 않으며, 폐해와 폐단만 부를 뿐이라는 게 공자의 생각이다. 유자가 "믿음의 언약이 의리에 맞으면 그 말을 이행할 수 있다(信近於義, 言可復也)" 논1-13라고 한 것은 곧 스승의 견해에 대한 부연일 따름이다. 훗날 맹자가 이르기를 "대인군자는 말을 함에 반드시 신실하지는 않고, 행동을 함에 반드시 관철하지는 않으며, 오로지 의리의 소재를 좇을 따름이다(大人者, 言不必信, 行不必果, 惟義所在)" [「맹자」「이루 하편」]라고 한 것도 같은 취지의 주장이다.

민敏 이는 근민勤敏함, 즉 부지런하고 재빠름으로, 근로의 덕성을 말한다. 무슨 일을 하든 재빠르면서도 부지런히 애쓰지 않으

면 소기의 성과를 거둘 수가 없다. 공자는 위정자나 사회 지도층이 오로지 근민하게 소임을 다함으로써 백성들로 하여금 행복한 삶을 영위할 수 있도록 해주어야만 비로소 인덕을 실천하는 것이라고 생각하였다. 그렇다면 이 '민' 역시 '인'의 내재적 요구나 다름이 없다. 『논어』에서 '민' 자字는 대여섯 번 출현하는데, 그 모두가 근민하다는 뜻은 아니다. 이를테면 안연顔淵이 공자의 가르침을 듣고 "제가 비록 불'민'하지만 선생님의 말씀을 받들어 행하겠사옵니다(回雖不敏, 請事斯語矣)"논12–1라고 했을 때의 '민'은 총민聰敏·명민明敏·영민英敏, 즉 총명하다는 뜻이다. 또 공자가 공문자孔文子를 칭송하여 "'민'하면서도 배우기를 좋아하고 또 자기보다 못한 사람에게 묻는 것을 부끄러워하지 않았다(敏而好學, 不恥下問)"논5–15라고 했을 때의 '민'은 두뇌나 사고思考가 민활敏活하다는 뜻으로, 역시 총명하고 예지叡智롭다는 말이다.

『논어』에서 '민'이 덕성·덕목의 하나로 창도된 경우는 앞에서 인용한 "사람이 부지런하고 재빠르면 공로를 세운다(敏則有功)"논17–6 이외에도 대략 다음과 같은 것이 있다.

공자께서 말씀하셨다. "군자가 식사함에 배부름을 추구하지 않고

거처함에 편안함을 추구하지 않으며, 일을 함에는 '부지런하고 재
빠르나' 말을 함에는 삼가고 조심하며 도덕 수양이 높은 이에게 나
아가 가르침을 청한다면 가히 배우기를 좋아한다고 할 수 있다."

子曰: "君子食無求飽, 居無求安, 敏於事而愼於言, 就有道而正焉,
可謂好學也已." 논1-14

여기서 공자는 '일을 함에 부지런하고 재빠름'을 군자의 이상
적 호학好學 형상의 하나로 제시하고 있으니 곧 행위의 실천을
강조하는 당신의 교육 정신을 엿볼 수 있다.

공자께서 말씀하셨다. "나는 결코 태어나면서부터 세상 이치를 아
는 사람이 아니며 단지 옛것을 애호하며 부지런하고 급급汲汲히
진리를 탐구해 터득한 사람일 뿐이다."

子曰: "我非生而知之者, 好古, 敏以求之者也." 논7-20

공자는 사람들, 특히 제자들에게 호학과 면학을 권면하며 당
신은 결코 '생이지지자生而知之者'가 아니라 단지 누구보다도 호학
해 진리를 탐구하기를 진실로 '부지런하고 급급히' 한 사람일 뿐

임을 강조하였다.

혜惠 이는 은혜로움, 즉 사람을 대함에 자혜慈惠롭고 관후寬厚한 것으로, '인자애인仁者愛人'의 직접 구현이다. 『논어』에서 '혜'자는 일고여덟 번 출현하는데, 대개 집정자·위정자에게 요구되는 덕목을 이른다. 이에 관해서는 이미 앞에서 공자의 덕정德政사상을 설명하며 언급하였으므로 여기서는 중언부언하지 않기로 한다. 한데 하나의 품성·덕성으로서의 '혜'는 위정자가 마땅히 갖추어야 할 교양과 덕목일 뿐만 아니라 사회구성원 모두에게 요구되는 도덕적 수양이기도 하다.

4. 교육사상

공자는 종신토록 배우고 가르치는 데 싫증을 내거나 게으름을 피우지 않았으며, 특히 만년에는 학문 연구와 제자 교육에 더욱 심혈을 기울였다. 바로 그 같은 풍부하고 열정적인 교학敎學실천과 경험 속에서 공자는 그 특유의 진보적이고도 효율적인 내용의 교육사상을 형성 주창하였다.

(1) 교육의 대중화 — '유교무류有教無類'

공자께서 말씀하셨다. "나는 오직 가르침이 있을 뿐 유별類別은 없다."

子曰: "有教無類." 논15-39

선대의 제왕들이 그렇듯 중시하며 귀족의 자제를 교육한 관학官學조차 춘추시대에 이르러서는 정치 사회적 혼란 속에 그 명맥을 유지하지 못하였고, 급기야 국가적 중대사였던 교육도 설자리를 잃어갔다. 하지만 공자는 그즈음 역사상 최초로 사학私學을 열어 개인 자격으로 교육에 박차를 가하였다. 그뿐만 아니라 '유교무류'의 소신을 실천함으로써 교육의 대중화를 선도하였다.

이른바 '유교무류'의 바탕에는 그 출신 신분 등의 유별을 막론하고 사람은 누구나 교육을 받을 권리가 있다는 인식이 깔려 있다. 때문에 공자는 원하는 사람이면 누구나 제자로 받아들였는데, 그 가운데에는 귀족 출신보다는 빈천한 집안 출신이 많았고, 노나라 이외에도 여러 나라 출신이 두루 있었으며 특히 당시로서는 미개한 변방 출신도 적지 않았다. 다만 시종 '유교무류'의 교육 방침을 견지한 공자였지만 배우기 위해 찾아오는 사람에게 요구하는 단 한 가지 조건이 있었다.

공자께서 말씀하셨다. "자신이 최소한 건육乾肉 한 꾸러미로 상견相見의 예禮를 갖추는 경우에는 내 일찍이 그 사람을 가르치지 않은 적이 없다."

子曰: "自行束脩以上, 吾未嘗無誨焉." 논7-7

옛날에는 군신, 붕우, 부부, 사제師弟 등과 같은 특정한 인간관계를 형성하는 사람을 처음 만날 때는 반드시 폐백을 바쳐 예를 갖추었는데, 여기서 말하는 '속수束脩', 즉 건육 한 꾸러미는 그 가운데서도 지극히 박薄한 예물을 이른다. 공자가 말하는 이 한 가지 조건은 바로 기본적인 '예' 의식이 있어야 한다는 것이다. 공자가 '속수'를 탐한 것이 아니다. 그 지극히 박한 예물을 통해 당신이 평소 중시한 '예'에 대한 기본적인 의식을 보고자 한 것이다.

여기 공자의 이 말은 또 '유교무류'와 '회인불권(誨人不倦)' 논7-2, 즉 다른 사람을 가르치는 데 싫증 내지 않는다는 사상을 자술하고 있다고 할 수 있다. 공자는 최소한의 예의를 갖출 줄 아는 사람이라면 유별 없이 모두 받아 게으름 피우는 일 없이 성심으로 가르치고 이끌었는데, 전하는 바에 의하면 제자가 3천 명에 달했고 그 가운데에는 현인賢人 제자도 70명이나 되었다고 한다.

(2) 교육 목적 — '학이우즉사學而優則仕'

자하子夏가 말했다. "벼슬을 하며 여유가 생기면 공부를 하고, 공부를 하며 여유가 생기면 벼슬을 할 것이다."

子夏曰: "仕而優則學, 學而優則仕."논19-13

공전空前의 난세를 산 공자의 숭고한 정치 이상은 인정仁政 덕치를 실현해 "백성들에게 널리 은혜를 베풀고 또한 능히 민중을 환난에서 구제하는(博施於民, 而能濟衆)"논6-28 가운데 "노인을 편안히 받들고 벗을 믿음으로 사귀며 젊은이를 은혜로 보살피는(老者安之, 朋友信之, 少者懷之)"논5-26 대동大同 사회를 건설하는 것이다. 여기서 자하의 이른바 '학이우즉사', 즉 사람이 배움에 상당한 진보와 성취가 있어 여유가 생기면 곧 세상에 나아가 벼슬을 해야 한다는 주장은 스승 공자의 사상을 그대로 반영한 것이다.

공자가 제자를 교육한 목적은 바로 당신이 꿈꾸는 덕정을 시행할 인재를 양성하는 것이었다. 이상 정치를 위한 봉사자는 우선 배움을 통해 재덕과 학식을 증진시킴으로써 인인仁人 군자에 버금가는 인격과 품성을 갖추어야 한다. 그런 다음에 적극적으로 정치에 참여해 덕정의 이상을 실현하여야 한다. 일찍이 공자

가 "『시경詩經』300편을 다 외운다 해도 정사政事를 맡겼을 때 제대로 처리하지 못하고, 사방 각국에 사신으로 보냈을 때 독자적으로 응대하지 못한다면 설사 외운 시편詩篇이 많다고 한들 무슨 소용이 있겠느냐?(誦詩三百, 授之以政, 不達; 使於四方, 不能專對; 雖多, 亦奚以爲)"논13-5라고 한 것은 바로 그런 배경에서 나온 말이다. 출사出仕를 서두르기보다는 배움을 한껏 부지런히 하여 진리와 사리에 밝고 만사에 두루 통달해 융통성이 절로 발휘될 수 있도록 정진하는 것이 중요하다. 공자가 "사람은 벼슬자리가 없음을 걱정하지 말고 벼슬자리에 오를 만한 자질이 있는가를 걱정할 것이며, 자신을 알아주는 사람이 없음을 걱정하지 말고 사람들이 알아줄 만한 자질을 갖추도록 해야 할 것임(不患無位, 患所以立; 不患莫己知, 求爲可知也)"논4-14을 강조한 것도 바로 그 때문이다.

　공자께서 칠조개漆彫開에게 벼슬을 하라고 하시니 그가 대답했다. "저는 아직 벼슬살이에 자신이 없습니다." 그러자 공자께서 기뻐하셨다.

　子使漆彫開仕. 對曰: "吾斯之未能信." 子說.논5-6

여기서 공자는 영록榮祿의 추구에 급급하지 않고 아직은 부족한 향학向學 수도修道에 더욱 정진하고자 하는 칠조개의 훌륭한 인품에 매우 흡족해 하고 있다. 반면에 자로가 자고子羔, 역시 공자의 제자를 비읍費邑의 읍재邑宰, 고을의 장長로 삼자 공자는 "남의 자제를 망치겠구나!(賊夫人之子)"논11-25라며 강하게 나무랐다. 자고는 아직 어리고 배움이 부족해 그가 만약 서둘러 벼슬길에 오른다면 훌륭한 인재로 성장해가는 과정에 득보다는 실이 많을 것이다. 공자는 그 점을 우려한 것이다.

(3) 교육 방향

'인'의 이상을 실현하기 위해서는 덕치가 참으로 중요하고, 예의 법도는 물론 도덕규범 또한 절실히 필요하다. 그러나 무엇보다 중요하고 필요한 것은 최고 통치자에서부터 일반 서민에 이르기까지 국가 사회 구성원 모두가 하나같이 인애의 마음을 길러 도덕적 규범을 도덕적 자각으로 변화 발전시키고, 나아가 개별적 인성의 본질로 내면화하는 것이다. 그렇게 하여 '인자애인'의 정신으로 사람의 마음을 정화하고, 사람의 영혼을 선화善化한다면 사람들이 절로 인애의 마음으로 서로를 대하면서 국가 사회 전반에 '인'의 이상이 실현될 것이다. 공자는 이를 위해 개인

의 도덕 수양을 강화하는 것이 급선무라고 생각하였다. 때문에 공자의 교육 방향은 덕육德育을 근본으로 하고 지육智育을 부차副次로 하는 것으로 설정되었다.

> 공자께서 말씀하셨다. "젊은이는 집 안에 들어가서는 부모에게 효도하고 집 밖에 나가서는 어른을 공경하며, 말을 삼가서 신실信實하게 하고 뭇사람을 두루 사랑하되 어진 사람을 특히 가까이 해야 하나니, 이를 모두 행行하고도 여력이 있으면 그제야 옛 글을 공부하는 것이다."
>
> 子曰: "弟子入則孝, 出則弟, 謹而信, 汎愛衆, 而親仁. 行有餘力, 則以學文." 논1-6

'옛 글을 공부하는 것(學文)'은 지육의 범주에 속한다. 사람은 우선은 여러 가지 덕행을 닦는 데 진력하고, 여력이 있으면 그제야 글공부를 해야 한다는 것이 공자의 분명한 생각이다.

공자 사상의 지향志向은 올바른 사람이 되는 이치를 궁구窮究하고 설파함에 있다. 도덕은 인간 행위의 규범으로서 사람됨의 표준이다. 그 가운데서도 특히 '효제孝悌'는 '인仁'의 근본이다. 공자의 가르침이 효제로부터 출발함은 바로 그 때문이다. 효제는 한

사람이 어려서부터 가정에서 기르게 되는 기본 덕행이다. 그 바탕 위에 다양한 인간관계에서 말을 삼감으로써 신실함을 다하고, 뭇사람을 두루 사랑하는 박애를 실행하며, 또한 나아가 인자仁者를 가까이 하며 위인爲人의 기본 이치를 배워야 한다. 그리고 여력이 있으면 다시 옛 문헌에 있는 성현의 말씀을 공부함으로써 전인全人을 추구한다. 한마디로 공자는 인성교육을 최우선시한 것이다.

> 자하子夏가 말하였다. "아내의 현덕賢德을 높이 사되 미색美色은 대수롭지 않게 여기고 부모를 모시되 온 심력心力을 다 할 수 있으며, 임금을 섬기되 신명身命을 바칠 수 있고 벗과 사귀되 그 말에 신실함이 있으면 그가 비록 아직 배우지 못했다고 하더라도 나는 반드시 그가 이미 다 배운 것이라고 할 것이다."

> 子夏曰: "賢賢易色, 事父母, 能竭其力; 事君, 能致其身; 與朋友交, 言而有信. 雖曰未學, 吾必謂之學矣."논1–7

자하의 이 말은 사실상 '이를 모두 행하고도 여력이 있으면 그제야 옛 글을 공부하는 것'이라는 공자의 견해에 대한 부연 설명이나 다름이 없다. 한 사람의 교육 수준은 그의 문헌 지식의 축

적이 아니라 윤리 도덕의 실천에 달렸다. 어떤 사람이 만약 인류의 핵심인 부부·부자·군신·붕우의 사륜四倫에 어긋남이 없다면 이미 배움을 이룬 것이나 다를 바 없다. 왜냐하면 윤리 도덕의 실천이 곧 배움의 궁극적 지향이요, 이상이기 때문이다.

공자는 덕육을 우선시하면서도 지육의 중요성 또한 간과하지 않았다.

공자께서 말씀하셨다. "유由. 자로의 이름야! 너는 여섯 가지 미덕과 그 여섯 가지 폐단에 대해 들은 적이 있느냐?" 자로가 대답하였다. "없습니다." 공자께서 말씀하셨다. "앉거라! 내가 일러 주마. 인덕仁德을 좋아하되 배우기를 좋아하지 않으면 그 폐단은 남에게 쉽게 속임을 당하는 것이고, 지혜를 좋아하되 배우기를 좋아하지 않으면 그 폐단은 주제넘게 흰소리하는 것이며, 신의를 좋아하되 배우기를 좋아하지 않으면 그 폐단은 일도 그르치고 사람에게도 해가 되는 것이고, 솔직함을 좋아하되 배우기를 좋아하지 않으면 그 폐단은 남에게 박절하게 하는 것이며, 용기를 좋아하되 배우기를 좋아하지 않으면 그 폐단은 혼란한 사태를 야기하는 것이고, 강경剛勁함을 좋아하되 배우기를 좋아하지 않으면 그 폐단은 거만하고 방자한 것이다."

子曰:"由也! 女聞六言六蔽矣乎?"對曰: "未也." "居! 吾語女. 好仁不好學, 其蔽也愚; 好知不好學, 其蔽也蕩; 好信不好學, 其蔽也賊; 好直不好學, 其蔽也絞; 好勇不好學, 其蔽也亂; 好剛不好學, 其蔽也狂." 논17-8

이렇듯 사람이 인仁·지智·신信·직直·용勇·강剛 등 아름다운 덕성만을 좋아하고 또 애써 함양하고 발휘하려 하지만 배우기를 좋아하여 지적 능력과 수준의 향상을 꾀하지 않는다면 갖가지 폐단을 피할 수 없다. 하여 공자는 지육의 필요성에도 주목하며 배우기를 좋아할 것을 강조한 것이다.

(4) 교학敎學 방법

개인별 맞춤 교육 — 인재시교因材施敎　사람은 천성적인 부분에 후천적인 노력과 환경의 영향이 어우러지면서 그 지능지수나 지식수준, 성격 특징이나 생활 습성 등이 그야말로 천차만별이다. 이를 누구보다도 잘 안 공자는 학생들을 가르침에 있어 학생 개개인의 특징과 상황에 맞춰 상이한 방식과 내용의 교육을 실시하였는데, 이를 일컬어 '인재시교'라 한다. 이는 공자 교육 사상의 정화라는 평가가 지배적이다.

자공子貢이 여쭈었다. "전손사顓孫師. 자장子張의 이름와 복상卜商. 자하子夏의 이름은 누가 더 현능賢能합니까?" 공자께서 말씀하셨다. "사師는 재능과 성정에 지나친 면이 있고, 상商은 모자란 면이 있다."

子貢問: "師與商也孰賢?" 子曰: "師也過, 商也不及." 논11-16

고시高柴는 어리석고 증삼曾參은 굼뜨며, 전손사는 성품이 편향적이고 중유仲由. 자로子路의 이름는 성정이 거칠다.

柴也愚, 參也魯, 師也辟, 由也喭. 논11-18

이처럼 공자는 제자들의 개별적인 특성을 누구보다도 잘 알고 있었으며, 개인별 맞춤식 교육은 바로 그 때문에 가능하였다. 공자 '인재시교'의 가장 대표적인 한 예를 보자.

자로가 여쭈었다. "다른 사람한테 좋은 말을 들으면 바로 행동에 옮겨야 합니까?" 공자께서 말씀하셨다. "아버지와 형이 계시는데 어떻게 듣는 대로 바로 행하겠느냐?" 염유冉有가 여쭈었다. "다른 사람한테 좋은 말을 들으면 바로 행동에 옮겨야 합니까?" 공자께서 말씀하셨다. "들으면 바로 행하여라." 공서화公西華가 말했다.

"중유가 '좋은 말을 들으면 바로 행해야 합니까?' 하고 여쭈었을 때는 선생님께서 '아버지와 형이 계시는데'라고 하셨는데, 염구(염유)가 '좋은 말을 들으면 바로 행해야 합니까?' 하고 여쭈었을 때는 선생님께서는 '들으면 바로 행하여라'라고 하셨습니다. 저는 너무 의아하여 감히 그 까닭을 여쭙습니다." 공자께서 말씀하셨다. "염유는 평소 소극적이라 좀 진취進取하도록 북돋운 것이고, 자로는 본시 용맹이 넘치는지라 좀 신중하도록 억제시킨 것이다."

子路問: "聞斯行諸?" 子曰: "有父兄在, 如之何其聞斯行之?" 冉有問: "聞斯行諸?" 子曰: "聞斯行之." 公西華曰: "由也問聞斯行諸, 子曰, '有父兄在', 求也問聞斯行諸, 子曰, '聞斯行之'. 赤也惑, 敢問." 子曰: "求也退, 故進之; 由也兼人, 故退之." 논11-22

두 제자의 똑같은 질문에 공자가 정반대의 대답을 한 것을 의아하게 여길 이가 어찌 공서화뿐이겠는가? 공자는 두 사람의 개성적 특징을 고려해 그 단점을 보완함으로써 보다 원만한 품성을 기를 수 있도록 훈육한 것이다. 염유와 자로는 확실히 상반된 개성을 보였다. 염유는 일찍이 스스로 이르기를 "선생님의 학설을 좋아하지 않는 것은 아니지만 저는 재능이 부족합니다

(非不說子之道, 力不足也)"논6-10라고 할 정도로 뭔가 위축되고 소심한 성격의 소유자였다. 때문에 공자가 적절히 고무해 그의 성격 상의 결함을 메우려고 한 것이다. 반면 자로는 "들은 것이 있으나 그것을 미처 실행하지 못하면 새로운 것을 또 들을까 몹시 두려워할(有聞, 未之能行, 唯恐有聞)"논5-14 정도로 들은 것을 실천하는 데 누구보다도 적극적이었다. 하지만 자로의 그 같은 성격은 때로는 경솔하고 무모한 면이 없지 않았다. 때문에 공자가 특별히 그 기세를 억제해 먼저 부형父兄에게 아뢰어 의견을 들은 다음에 행함으로써 과오를 범하지 않도록 한 것이다.

이 밖에도 『논어』에는 공자가 실시한 '인재시교'를 단적으로 보여주는 예가 허다한데, 맹의자孟懿子와 맹무백孟武伯, 자유子游, 자하가 모두 어떻게 하는 것이 효孝인지를 여쭈었으나 공자의 대답은 같지 않았고, 번지와 자장, 안연顔淵, 중궁仲弓, 사마우司馬牛가 모두 어떻게 하는 것이 인仁인지를 여쭈었으나 공자의 대답은 다 달랐으며, 자공과 자로, 자장, 제경공齊景公, 계강자季康子 등이 모두 정치를 어떻게 해야 하는지를 여쭈었으나 공자의 대답은 그야말로 다양하였다.

계발식啓發式 **교육**　이는 교육자가 갖가지 방식을 통해 학습자의 적극적인 사고와 사색을 계발하여 그들이 자각적으로 지식

을 습득하고 이치를 깨닫도록 가르치는 방식을 말한다. 공자는 바로 이 같은 계발식 교육을 통해 학습자의 향학열과 사고력 및 창의력을 최대한 자극하고 증진시켰다. 이는 물론 예나 지금이나 많은 문제점을 낳고 있는 주입식 교육과는 상반된 것으로, 그 교육사상의 진보성과 우수성을 여실히 보여준다.

공자께서 말씀하셨다. "어떤 이치를 너무나 알고 싶은데 여의치 않아 안달하는 상태가 아니면 일깨워주지 않으며, 어떤 이치를 안 후 그것을 너무나 설명하고 싶은데 여의치 않아 안달하는 상태가 아니면 말문을 틔워주지 않는다. 또한 사리事理의 한 방면을 들어 설명해주었는데도 나머지 세 방면을 스스로 유추해내지 않으면 더 이상 일러주지 않는다.

子曰: "不憤不啓, 不悱不發. 擧一隅不以三隅反, 則不復也." 논7-8

『주역周易』 「몽괘蒙卦」 괘사卦辭에서 "내가 나서서 몽매한 동자에게 배우라고 요구하는 것이 아니라 몽매한 동자가 스스로 나에게 배우고자 해야 한다(匪我求童蒙, 童蒙求我)"라고 하며 피교육자의 능동성과 적극성 그리고 지적 욕망의 중요성을 강조한 바 있다. 역사상 위대한 교육가였던 공자의 교육 방법론 역시 이와

같은 관점의 연장선상에 있다. 공자는 여기서 주입식이 아닌 계발식 교육을 실시하였음을 자술하였다. 이는 교육자의 이상적인 교수법을 제시함과 동시에 학습자의 바람직한 자세와 태도를 설명하고 있음이다. 공자가 말하는 계발식 교육의 주안점은 교육자의 주도하에 피교육자의 학습 능동성과 적극성을 최대한 활성화하고 나아가 그들의 독립적 사고력을 배양함에 있다. 공자는 학생이 향학열을 불태우며 발분 진력하지만 아직은 역부족을 절감하면서 애태우고 안달하는 상태가 되어서야만 비로소 그를 일깨워주고, 틔워준다. 아울러 공자는 학생이 하나부터 열까지 모두 스승의 가르침에 의지해 배우는 것을 반대하여 '거일반삼擧一反三' 즉 하나를 말하면 둘, 셋을 아는 지적 추리력과 연상聯想 능력을 최대한 발휘할 것을 강력히 요구한다. 이 같은 교육방식은 물론 교육과 학습의 효과를 극대화하는 데 그 목적이 있는바 궁극적으로 청출어람靑出於藍의 창의적인 성과와 발전을 가능케 한다. 다음의 두 사례를 보자.

자공이 말하였다. "가난하지만 아첨하지 않고 부유하지만 교만하지 않으면 어떻습니까?" 공자께서 말씀하셨다. "괜찮다. 그러나 가난하지만 도道를 즐기고 부유하지만 예禮를 좋아하는 것만은 못

하다." 자공이 말하였다. "『시경詩經』에서 '뼈와 뿔을 자르고 간 것 같고 / 옥과 돌을 쪼고 간 것 같다'라고 하였으니, 그것이 바로 이러한 뜻을 말하는 것이겠지요?' 공자께서 말씀하셨다. "사賜야, 이제 너와 함께 『시경』을 논할 수 있겠도다! 네게 조금 전의 그 한 가지 이치를 일러주었더니 아직 말하지 않은 것까지 미루어 아는구나!'

子貢曰: "貧而無諂, 富而無驕, 何如?" 子曰: "可也, 未若貧而樂, 富而好禮者也." 子貢曰: "詩云: '如切如磋, 如琢如磨.' 其斯之謂與?" 子曰: "賜也, 始可與言詩已矣! 告諸往而知來者!" 논1–15

사람이 가난하면 모자람을 채우기 위해 남에게 아첨하기 쉽고, 부유하면 넉넉함만 믿고 스스로 교만하기 쉽다. 때문에 자공이 말한 "가난하지만 아첨하지 않고, 부유하지만 교만하지 않"는 것은 분명 훌륭한 인품이다. 그러나 그것은 비록 자신을 곧고 바르게 지키고 있기는 하나 가난함과 부유함을 완전히 망각한 경지는 아니다. 반면 공자가 말한 "가난하지만 도를 즐기고, 부유하지만 예를 좋아하는 것"은 이미 가난함과 부유함을 초월한 가일층 고상하고 고귀한 경지다. 이 같은 공자의 설명에 자공은 즉각 『시경』의 '절차탁마'와 연관시켜 학문 증진

과 도덕 수양에 있어 부단한 정진을 강조한 함의含意를 깨닫는다. 이에 공자는 자공의 '거일반삼'에 찬사와 격려를 아끼지 않았다.

자하가 여쭈었다. "『시경』에 '예쁜 미소에 보조개도 귀엽고 / 고운 눈매에 눈동자도 맑나니 / 아름다운 바탕에 곱게 화장을 하였네'라고 하였는데, 이게 무슨 말입니까?" 공자께서 말씀하셨다. "그림을 그리는 일은 먼저 흰 바탕을 마련한 연후에 한다는 말이다." 자하가 말했다. "그렇다면 예禮가 나중입니까?" 공자께서 말씀하셨다. "나를 일깨우는 사람은 바로 상商, 자하의 이름이로구나! 이제 비로소 너와 『시경』을 논할 수가 있겠도다."

子夏問曰: "巧笑倩兮, 美目盼兮, 素以爲絢兮.' 何謂也?" 子曰: "繪事後素." 曰: "禮後乎?" 子曰: "起予者商也! 始可與言詩已矣." 논3-8

공자는 타고난 이목구비의 미질美質에 곱게 화장을 한 여인의 아름다움을 찬탄한 시구詩句를 풀이하며 "그림을 그리는 일은 먼저 흰 바탕을 마련한 연후에 한다"는 의미를 부여하였고, 이에 자하가 즉각 "그렇다면 예禮가 나중입니까?" 곧 '예'가 '인'보다 나중이라는 말로 받았다. 그야말로 '거일반삼'의 전형을 보는 듯하

다. 때문에 공자는 기쁨을 감추지 못하고 "나를 일깨우는 사람은 바로 상이로구나!"라고 하며 극찬한 것이다.

배우기를 좋아함과 생각하는 공부　공자는 일찍이 자로에게 "아는 것을 안다고 하고 모르는 것을 모른다고 하는 것, 그것이 진실로 아는 것임(知之爲知之, 不知爲不知, 是知也)"논2-17을 일깨워 주었다. 알고 모르는 것에 솔직하고 겸허할 때 비로소 참된 앎의 길로 나아갈 수 있음을 설파한 것이다. 사람은 무엇보다 겸허한 자세로 배우기를 좋아해야 한다는 것이 공자의 기본적인 생각이다. 그것은 곧 『예기禮記』「학기편學記篇」에서 이른 대로 "옥은 다듬지 않으면 기물器物이 될 수 없고, 사람은 배우지 않으면 도를 알지 못하기(玉不琢, 不成器; 人不學, 不知道)" 때문이다. 「술이편」에서 공자는 당신의 위인을 스스로 형용하기를 "어떤 것을 간절히 알고 싶으면 한껏 분발 몰두하여 밥 먹는 것도 잊어버리고 또 그렇게 해 새로운 것을 알게 되면 즐거운 마음에 온갖 걱정도 다 잊고 장차 늙음이 다가오는 것조차 알지 못한다(發憤忘食, 樂以忘憂, 不知老之將至云爾)"논7-19라고 하는가 하면 "나는 결코 태어나면서부터 세상 이치를 아는 사람이 아니며 단지 옛것을 애호하며 급급汲汲히 진리를 탐구해 터득한 사람일 뿐이다(我非生而知之者, 好古, 敏以求之者也)"논7-20라고 하였다. 곧 당신은 진정

으로 호학好學, 배우기를 좋아함하고 면학하였으며, 결코 '태어나면서부터 아는 사람'이 아니라 '열심히 배워서 아는 사람'임을 분명히 한 것이다. 공자는 평소 겸양이 몸에 배어 있었지만 이렇듯 호학함에 있어서만은 결코 자부함을 주저하지 않았다.

공자는 또 호학하되 생각하는 공부를 해야 함을 아울러 강조하였다.

> 공자께서 말씀하셨다. "배우기만 하고 생각하지 않으면 쉬이 배운 지식에 얽매이고, 생각만 하고 배우지 않으면 옳고 그름을 가리지 못해 위태롭다."
>
> 子曰: "學而不思則罔, 思而不學則殆."논2-15

학습이 외부로부터 지식이나 사리를 습득하는 과정이라면 사색은 내면적으로 그 함의와 진리를 터득하는 과정이다. 배우는 사람에게 있어 이 양자는 필수 불가결한 것이다. 만약 양자 가운데 어느 한 과정이라도 결缺한다면 소기의 성과는커녕 그 폐해를 면하기 어렵다. "배운 지식에 쉬이 얽매"일 수도 있고, "옳고 그름을 가리지 못해 위태"로울 수도 있다. 때문에 공자는 진정 배움의 길을 가는 사람은 반드시 학습과 사색을 병행하는, 생

각하는 공부를 해야 함을 강조하였다. 자하가 이르기를 "배우기를 널리 하고 뜻을 돈독히 하며 절실히 묻고 비근卑近한 것에서부터 생각을 하면 인덕仁德은 바로 그 가운데에 있도다(博學而篤志, 切問而近思, 仁在其中矣)"논19-6라고 한 것을 보면 공자의 가르침을 올바로 이해하고 실천했던 것으로 보인다.

학이시습學而時習**과 온고지신**溫故知新　　이는 공자가 제시한, 학습자의 창의적인 진보와 성장을 가능케 하는 공부 방법으로, 오늘날까지도 그 높은 효용 가치와 의의에 이론이 있을 수 없다. 공자는 『논어』 첫 구절부터 이에 관해 언급하기 시작하였다.

　공자께서 말씀하셨다. "배우고 또 그것을 수시로 익히면 어찌 기쁘지 아니하겠는가?"

　子曰: "學而時習之, 不亦說乎?"논1-1

뭔가를 배우고 또 그것을 수시로 익히는 것은 무엇보다 기쁘고 즐거운 일이라는 것이 공자의 생각이다. 이른바 '습習'은 익힌다는 것이니, 배운 것을 거듭 복습, 실습함을 말한다. 배움은 외재적인 지식이나 기능 따위를 내재적인 능력으로 전환시키는

과정이다. 그리고 그 과정에 반드시 필요한 것이 바로 이미 배운 것을 수시로, 부단히 익혀가는 노력이다. 그뿐만 아니라 배우고 익히는 과정에 더더욱 강조되어야 하는 것은 또 상술한 '생각하는 공부'를 해야 한다는 것이다. 이 같은 '학學'과 '습'은 결국 보다 깊은 이해와 다각적인 사색이 이어지면서 학습자로 하여금 새로운 이치를 깨닫고, 새로운 발전에 이르게 할 것이다. 그 것이 바로 '온고지신'이다. 소위 '온고지신'에서 '온'은 온습溫習, 즉 복습을 이르고, '고'는 이미 배운 지식이나 이치 등을, '신'은 새로운 이치나 지식 등을 이른다. 공자는 "배운 것을 거듭 익혀서 새로운 것을 알면 다른 사람의 스승이 될 수 있다(溫故而知新, 可以爲師矣)"논2-11고 하였다. 한편 자하가 이르기를 "날마다 새로운 것을 알아가고, 달마다 복습하여 이미 배워 아는 것을 잊어버리지 않도록 한다면 배우기를 좋아한다고 할 수 있다(日知其所亡, 月無忘其所能, 可謂好學也已矣)"논19-5라고 하였으니, 스승이 강조한 '온고지신'의 취지를 제대로 이해하고 성실히 실천했다 할 것이다.

제 5 장

『논어』의 명언名言 명구名句

  『논어』는 실로 유구한 세월 속에서 대대로 그 생명력을 더하며 후세 사람들에게 인생의 지침을 제시해왔으며, 그 지대한 영향은 오늘날 우리의 생활 속 깊숙이까지 미쳐 있을 정도다. 이제『논어』의 명언 명구를 음미하며 옛 성현의 가르침을 새겨보자.(앞에서 이미 인용 거론한 구절은 여기에서는 중복 수록하지 않기로 함.)

  벗이 먼 곳에서 찾아오면 어찌 즐겁지 아니하겠는가?

  有朋自遠方來, 不亦樂乎?

듣기 좋은 말과 보기 좋은 얼굴빛을 꾸며 아첨하는 사람은 인仁한 이가 드물다.

巧言令色, 鮮矣仁.

예禮의 작용은 조화를 귀중히 여긴다.

禮之用, 和爲貴.

사람은 다른 사람이 나를 알아주지 않음을 걱정할 것이 아니라 내가 다른 사람을 알지 못함을 걱정하여야 한다.

不患人之不己知, 患不知人也.

— 이상 「학이편學而篇」

생각에 사악함이 없다.

思無邪.

공자께서 말씀하셨다. "나는 열다섯 살에 배움에 뜻을 두었고 서른 살에는 스스로 일어섰으며, 마흔 살에는 사리事理에 의혹을 갖

지 않았고 쉰 살에는 하늘로부터 부여받은 사명을 알았으며, 예순 살에는 귀가 순順해졌고 일흔 살에는 하고 싶은 대로 해도 법도에 어긋나지 않았다."

子曰: "吾十有五而志于學, 三十而立, 四十而不惑, 五十而知天命, 六十而耳順, 七十而從心所欲, 不踰矩."

군자는 그릇처럼 특정한 기능과 역할에 국한되지 않는다.

君子不器.

군자는 두루 융화하나 사사로이 결탁하지 않고, 소인은 사사로이 결탁하나 두루 융화하지 않는다.

君子周而不比, 小人比而不周.

— 이상 「위정편爲政篇」

사람이 하늘에 죄를 지으면 빌 곳이 없다.

獲罪於天, 無所禱也.

즐거우나 방탕하지 않고 슬프나 고통스럽지 않다.

樂而不淫, 哀而不傷.

윗자리에 있으며 너그럽지 않고, 예禮를 행하며 공경하지 않으며,
상사喪事에 임하여 슬퍼하지 않는다면 내가 무엇으로 그 사람됨을
살피겠는가?

居上不寬, 爲禮不敬, 臨喪不哀, 吾何以觀之哉?

— 이상「팔일편八佾篇」

아침에 도道를 깨달으면 저녁에 죽어도 좋다.

朝聞道, 夕死可矣.

군자는 늘 도덕의 중진을 생각하고 소인은 늘 일신의 안락을 생각
하며, 군자는 늘 법도의 준수를 생각하고 소인은 늘 사사로운 은
혜를 탐한다.

君子懷德, 小人懷土; 君子懷刑, 小人懷惠.

군자는 도의道義에 밝고, 소인은 이익에 밝다.

君子喩於義, 小人喩於利.

어진 사람을 보면 그와 같기를 생각하고, 어질지 못한 사람을 보면 마음 깊이 자신을 돌이켜 보아야 한다.

見賢思齊焉, 見不賢而內自省也.

— 이상 「이인편里仁篇」

썩은 나무는 조각을 할 수도 없다.

朽木不可雕也.

영민하면서도 배우기를 좋아하고, 자기보다 못한 사람에게 묻는 것을 부끄러워하지 않는다.

敏而好學, 不恥下問.

— 이상 「공야장편公冶長篇」

노여움을 제삼자에게 옮기지 않고, 같은 잘못을 다시 범하지 않는다.

不遷怒, 不貳過.

한 대그릇의 밥을 먹고 한 바가지의 물을 마시다.

一簞食, 一瓢飮.

문채와 질박함이 고르게 어울려 조화롭다.

文質彬彬

아는 것은 좋아하는 것만 못하고, 좋아하는 것은 또 즐기는 것만
못하다.

知之者不如好之者, 好之者不如樂之者.

지혜로운 사람은 물을 좋아하고 어진 사람은 산을 좋아하거니 지
혜로운 사람은 동적이고 어진 사람은 정적이며, 지혜로운 사람은
즐겁게 살고 어진 사람은 오래 산다.

知者樂水, 仁者樂山. 知者動, 仁者靜. 知者樂, 仁者壽.

— 이상「옹야편雍也篇」

162

스스로 배우기에 싫증을 내지 않고, 다른 사람을 가르치기에 게으름을 피우지 않는다.

學而不厭, 誨人不倦.

거친 밥을 먹고 찬물을 마시며 팔베개하고 누워도 즐거움이 또한 그 가운데에 있나니 불의不義하게 부유하고 또 존귀함은 나에게 있어서는 뜬구름과 같은 것이다.

飯疏食飮水, 曲肱而枕之, 樂亦在其中矣. 不義而富且貴, 於我如浮雲.

세 사람이 함께 길을 가면 그 가운데에 반드시 나의 스승이 있나니 그들의 좋은 점을 골라 본받고, 좋지 않은 점을 가려 나 자신을 돌이켜보며 허물을 고친다.

三人行, 必有我師焉, 擇其善者而從之, 其不善者而改之.

군자는 마음이 평온하고 너그러우나 소인은 늘 불안하고 근심 걱정에 싸여 있다.

君子坦蕩蕩, 小人長戚戚.

— 이상「술이편述而篇」

두려운 마음으로 삼가고 조심하기를 깊은 못 둑에 서 있듯이 하며 살얼음을 밟듯이 하도다.

戰戰兢兢, 如臨深淵, 如履薄冰.

새가 죽을 때는 그 우는 소리가 슬프고, 사람이 죽을 때는 그 하는 말이 선善하다.

鳥之將死, 其鳴也哀; 人之將死, 其言也善.

선비는 포부가 크고 의지가 굳세지 않으면 안 되나니 왜냐하면 그 맡은 책임이 무겁고 갈 길이 멀기 때문이다.

士不可以不弘毅, 任重而道遠.

그 직위에 있지 않으면 그 일에 관여하지 않는다.

不在其位, 不謀其政.

— 이상「태백편泰伯篇」

각기 제 자리를 찾다.

各得其所.

젊은이는 두려운 존재로다.

後生可畏.

세밑 한파가 닥친 연후에야 소나무 잣나무가 끝까지 시들지 않는
다는 것을 알게 된다.

歲寒, 然後知松柏之後彫也.

지혜로운 사람은 미혹되지 않고, 어진 사람은 근심하지 않으며,
용감한 사람은 두려워하지 않는다.

知者不惑, 仁者不憂, 勇者不懼.

— 이상「자한편子罕篇」

삶도 알지 못하거늘 어찌 죽음을 알겠는가?

未知生, 焉知死?

이 사람은 말을 잘 하지 않지만 일단 말을 하기만 하면 반드시 이치에 맞도다.

夫人不言, 言必有中.

지나친 것은 모자란 것과 마찬가지로 좋지 않다.

過猶不及.

— 이상 「선진편先進篇」

죽고 삶은 운명에 달렸고, 부하고 귀함은 하늘에 달렸다.

死生有命, 富貴在天.

군자는 남의 좋은 일은 이루어지게 하고, 남의 나쁜 일은 이루어지지 않게 하지만 소인은 그와 정반대이다.

君子成人之美, 不成人之惡, 小人反是.

— 이상 「안연편顔淵篇」

명분이 바르지 않으면 말이 이치에 맞지 않고, 말이 이치에 맞지 않으면 일이 이루어지지 않는다.

名不正, 則言不順. 言不順, 則事不成.

일을 너무 서두르면 제대로 이루지 못하고, 작은 이익에 연연하면
큰일을 이루지 못한다.

欲速, 則不達; 見小利, 則大事不成.

— 이상「자로편子路篇」

덕이 있는 사람은 반드시 좋은 말을 하지만 좋은 말을 하는 사람
이라고 반드시 덕이 있는 것은 아니다.

有德者必有言, 有言者不必有德.

군자는 도의道義에 통달하고, 소인은 재리財利에 통달한다.

君子上達, 小人下達.

원한은 곧고 바름으로 갚고, 은덕은 은덕으로 갚는다.

以直報怨, 以德報德.

하늘을 원망하지도 않고, 사람을 탓하지도 않는다.

不怨天, 不尤人.

— 이상 「헌문편憲問篇」

군자는 곤궁한 가운데서도 잘 견디지만 소인은 곤궁하면 못하는 짓이 없다.

君子固窮, 小人窮斯濫矣.

작위적인 정책이 아닌 현덕賢德으로 나라를 잘 다스리다.

無爲而治.

장인匠人은 그 일을 잘 하려고 하면 반드시 먼저 그 연장을 잘 손질한다.

工欲善其事, 必先利其器.

사람이 멀리 내다보는 안목이 없으면 반드시 가까이에 근심이 있게 된다.

人無遠慮, 必有近憂.

군자는 일의 탓을 자기에게서 찾고, 소인은 일의 탓을 남에게서 찾는다.

君子求諸己, 小人求諸人.

작은 일을 참지 못하면 큰일을 그르친다.

小不忍, 則亂大謀.

인仁을 행할 때는 스승에게도 양보하지 않는다.

當仁, 不讓於師.

가는 길이 같지 않으면 함께 일을 도모하지 않는다.

道不同, 不相爲謀.

말은 그 뜻만 잘 전달하면 그만이다.

辭達而已矣.

— 이상 「위영공편衛靈公篇」

재화가 부족함을 걱정하지 아니하고, 분배가 균등하지 않음을 걱정한다.

不患寡而患不均.

— 「계씨편季氏篇」

사람의 천성은 본디 서로 비슷하지만 후천적인 습성 때문에 서로 격차가 벌어진다.

性相近也, 習相遠也.

닭 잡는데 어찌 소 잡는 칼을 쓰랴?

割雞焉用牛刀?

길에서 들은 말을 길에서 그대로 다른 이에게 전하는 것은 스스로 도덕을 버리는 것이다.

道聽而塗說, 德之棄也.

비열한 사람과 함께 임금을 섬길 수 있겠느냐? 그런 사람은 원하는 것을 얻기 전에는 얻지 못할까 걱정하고, 원하는 것을 얻은 다음에는 또 얻은 걸 잃을까 걱정한다. 그런 사람이 진실로 얻은 것을 잃을까 걱정하면 어떤 일이라도 다 하게 된다.

鄙夫可與事君也與哉? 其未得之也, 患得之. 旣得之, 患失之. 苟患失之, 無所不至矣.

— 이상 「양화편陽貨篇」

지나간 일은 돌이킬 수 없지만 다가오는 일은 그래도 잘만 하면 될 것이다.

往者不可諫, 來者猶可追.

—「미자편微子篇」

천하 만백성이 곤궁해지면 하늘이 준 천자天子의 복록福祿도 영원히 끝이로다.

四海困窮, 天祿永終.

—「요왈편堯曰篇」